Gobierno de Datos Disruptivo

UN LLAMADO A LA ACCIÓN

Laura B. Madsen, M.S.

Technics Publications

BASKING RIDGE, NEW JERSEY

2 Lindsley Road, Basking Ridge, NJ 07920 USA
https://www.TechnicsPub.com

Diseño de cubierta realizado por Lorena Molinari
Editado por Lauren McCafferty

Primera edición
Primera impresión 2019

Copyright © 2019 Laura Madsen

ISBN, edición impresa   9781634626606
ISBN, edición Kindle   9781634626613
ISBN, edición PDF   9781634626637

Número de control de la Biblioteca del Congreso: 2019952193

Traducción al español realizada por Ramón Hernández Callejas

To Karl.

Prefacio a la edición en español

En este libro, Laura Madsen propone un enfoque disruptivo y refrescante para el gobierno de datos, que se aleja de la percepción tradicional de burocracia y lentitud asociada con este concepto.

Dado que muchas organizaciones están adoptando cada vez más prácticas ágiles en su trabajo diario, por qué no trasladar estos conceptos del *DataOps*, *DevOps* y *MLOps* a uno nuevo propuesto por la autora: **DGOps**, que es el **Gobierno de Datos Ágil y Moderno.**

Muchas organizaciones buscando estás prácticas ágiles pueden cambiar la percepción tradicional del gobierno de datos de mando y control, por los principios que propone la autora, dando mayor relevancia al **uso**, la **calidad** y el **linaje** de los datos sobre la **seguridad** de estos.

En los cursos y consultorías que realizo siempre insisto en que para el éxito de una iniciativa de gobierno de datos las organizaciones necesitan 3 cosas:

- un marco de referencia (por ejemplo, el *DMBoK*)
- un modelo de madurez (por ejemplo, *dataToolkit* o *DCAM*)
- un enfoque moderno de gobierno de datos, como el desarrollado por Laura Madsen.

Espero que este libro proporcione a los lectores las herramientas y conocimientos necesarios para implementar un enfoque moderno y ágil de gobierno de datos en sus organizaciones.

He decidido dejar sin traducción algunos términos en inglés que utilizamos habitualmente, con el objetivo de facilitar la lectura y asociación de conceptos para los lectores que estén familiarizados con estos términos.

Ramón Hernández Callejas
CDMP Master, CertGED, PMP

Agradecimientos

De todas las tareas que he hecho en la industria de datos, el gobierno de datos ha sido honestamente la que menos me ha gustado. En la universidad - en 1994 para ser exactos - llegó el momento de elegir mi especialidad. Ya había estado en la universidad durante un par de años, pero tomé un descanso para ver si estaba interesada en administrar una tienda de ropa (spoiler: no lo estaba). Técnicamente era mi tercer año y aún no había elegido una especialidad. Finalmente, me dijeron que tenía que elegir una especialidad, así que elegí especializarme en una de las clases más difíciles que tomé: la psicología. No tenía absolutamente ningún interés en la terapia o en convertirme en psicóloga, pero bajo presión, elegí psicología porque recordé lo difícil que fue el examen final. Supongo que tengo un patrón de elegir cosas que encuentro desafiantes y luego intento descomponerlas en piezas pequeñas para entenderlas mejor. Esa misma inclinación me llevó a escribir este libro sobre el gobierno de datos. Simplemente tuve que abordar una de las funciones más difíciles, multifacéticas y complicadas en los programas de datos, porque sin duda es lo que nos impide cosechar *insights* a partir de nuestros datos.

Tengo a muchas personas a quien agradecer por este libro, ya que requirió mucha investigación y discusiones. Entrevisté a amigos y amigos de amigos, así como a desconocidos. Leí y volví a leer libros y artículos, todo con el objetivo de encontrar una mejor manera de avanzar. Estoy orgullosa del resultado, pero no sería mucho sin esta lista de profesionales destacados (listados en orden alfabético por apellido) que estuvieron dispuestos a compartir su tiempo y talento conmigo:

- Chris Bergh
- Kevin Burns
- Will Davis
- Donna Fernandez
- Juliet Fox
- Evan Francen
- Claudia Imhoff
- Steve Johnson
- Jason Meszaros
- Tom Moore
- Kiran Mysore
- Dan Olson
- Neil Raden
- Serena Roberts
- Nathan Salmon
- Jada Sheetz
- Margaret Todora
- Joe Warbington

A mi "equipo de apoyo", esas personas que leyeron versiones tempranas y me dieron retroalimentación, así como también ayudaron con mensajes de marketing:

- Serena Roberts
- Karl Madsen
- Erik van der Velde.

Hubo millones de conversaciones informales que tuve con personas, y algunas que fueron completamente "*off the record*". Si estás leyendo esto, te agradezco por tomarte el tiempo y por tu confianza en mí. Por último, una nota póstuma de gratitud al incomparable David Hussman; nunca hablamos sobre el gobierno de datos, pero él moldeó estas páginas como si lo hubiéramos hecho. David me enseñó mucho sobre agilidad, liderazgo y prioridades.

Cualquier cosa relacionada con los datos, programas de datos, *analytics* o la "IA" son temas de actualidad. Las organizaciones están tratando desesperadamente de utilizar sus datos como un diferenciador, pero pocas realmente alcanzan ese nivel de madurez. Muchas de las barreras que colocamos en nuestro camino son de nuestra propia creación. Desde la falta de personal hasta la política de quién es el dueño de los programas. Pero lo más impactante es la idea de que los datos son "incorrectos" o no se pueden confiar en ellos. Los datos "sin transformación ni limpieza" en nuestros sistemas, reflejan lo que está sucediendo. Los datos no son correctos ni incorrectos, simplemente son datos. Si puedes estar abierto a la idea de que te están diciendo algo, alertándote sobre algún proceso desalineado o contexto erróneo, entonces estás en camino a la madurez analítica que las organizaciones necesitan para utilizar los datos con éxito. Lo único que he aprendido a través de este viaje es que el gobierno de datos es el lado opuesto de la democratización de los datos. No puedes tener uno sin el otro.

Tabla de Contenido

Prólogo

Por Mike Capone, *CEO* **de Qlik**
Siempre he creído en la importancia del gobierno de datos. Esa creencia se forjó temprano a través de varios roles que tuve en ADP, donde trabajamos a diario con información altamente sensible sobre nóminas, impuestos y datos personales (*PII - Personally Identifiable Information*). Solo creció durante mi tiempo como *COO* en Medidata, donde todo nuestro negocio se centraba en datos de ensayos clínicos que podrían impactar directamente vidas. No se puede vivir en esos mundos altamente regulados sin conocer la importancia del gobierno de datos.

Como *CEO* de Qlik, todos los días hablo con clientes sobre su estrategia y necesidades de datos. Independientemente de la industria, los líderes son cada vez más conscientes de la importancia del gobierno de datos para obtener buenos resultados. Para cualquier empresa, una vez que se va más allá del producto o servicio principal, es la combinación de sus datos y cómo las personas usan esos datos lo que determina el éxito o el fracaso. Y eso es realmente lo que está en el centro de la conversación sobre el gobierno de datos. ¿Cómo se alinean estos elementos fundamentales y estratégicos del negocio - datos y personas - para lograr el máximo impacto?

Hay un grupo de grandes temas que impulsan la necesidad de una mirada fresca y nueva sobre el gobierno de datos.

- Creación y disponibilidad de datos - los usuarios saben que hay más datos disponibles que nunca. Saben que la organización ya los tiene y están frustrados porque no están disponibles para ellos. Los antiguos modelos de gobierno, basados en informes mensuales y trimestrales retrospectivos para la dirección ejecutiva, simplemente no encajan en las empresas de hoy en día.

- Competencia - todos tienen acceso a más datos que nunca. Ponerlos disponibles a más empleados para una toma de decisiones acorde a la velocidad del mercado es crucial. La gobernanza debe tener en cuenta la naturaleza cambiante de los datos (por ejemplo, las redes sociales) e incluir procesos para hacer que esos datos sean accesibles de manera adecuada según el caso de uso. De esta manera, los empleados pueden agregar valor en áreas como servicio al cliente y reaccionar a las ofertas de la competencia a tiempo para mantener comprometidos a los clientes.

- Mismos datos, diferentes departamentos - las organizaciones bien administradas quieren que diferentes departamentos hablen el mismo idioma con los datos. No sirve a nadie tener a ventas, marketing, desarrollo y servicio al cliente mirando datos como por ejemplo pronósticos de ventas o rotación de clientes, a través de lentes diferentes. La gobernanza debe tener en cuenta que algunos roles necesitan un mayor nivel de acceso (adecuadamente controlado) a conjuntos de datos compartidos.

- Demanda ejecutiva de decisiones *data-driven* - las organizaciones están sentadas en lo que los ejecutivos ven como montones de datos sin usar, y están presionando para ver que esos datos se democraticen para generar resultados. Los modelos de gobernanza deben entender que todos los datos deben estar disponibles en algún momento, y el rol/responsabilidad/nivel de *data literacy* pueden ayudar a dar forma a un conjunto de políticas flexibles y escalables en lugar de un enfoque único para todos.

Laura Madsen es una gran defensora de los datos y está en una posición única para llevarlo a usted a través de estos desafíos y señalar el camino a seguir. Como ex *Qlik Luminary*, se destaca como una de las entusiastas de los datos más destacada y brillante de nuestro ecosistema. Compartimos una pasión por la capacidad de los datos para crear un impacto positivo en todos los aspectos de nuestras vidas. En este libro, Laura describe claramente los desafíos del gobierno de datos que enfrentamos en todas las industrias y cómo hacer que los datos sean más accesibles y disponibles de una manera más inteligente y escalable.

Como menciona Laura en el primer capítulo de este libro, al igual que la naturaleza, los usuarios encontrarán una forma, en este caso de acceder a los datos. Esta verdad fundamental requiere que los líderes reconsideren sus modelos de gobierno de datos y estén abiertos a nuevos enfoques. Desde la selección de la tecnología, hasta los programas de capacitación, pasando por la consideración de metodologías emergentes como *DataOps* para ayudar a alinear a TI, a los administradores de datos y a los usuarios de datos en toda la empresa, cada elemento está listo para el cambio en cuanto al gobierno de datos. Creo firmemente que el éxito de su empresa depende de su estrategia de datos, y una estrategia de datos sin un componente sólido y flexible de gobierno de datos lo aleja del éxito. Usted tiene los datos, ahora es tiempo de una estrategia de gobierno de datos moderna.

Introducción

Realmente odio el gobierno de datos. He sido responsable de ello tanto como empleada como en muchos esfuerzos como consultora. Siempre lo di todo y, en ese momento, sentí que era uno de mis mejores trabajos, pero siempre fue una experiencia agobiante. Había demasiado trabajo, estaba mal definido y parecía destinado al fracaso.

Consideremos la metáfora de un río de datos y el gobierno de datos; en su estado más puro, los datos son muy similares a un río que corre con diques, rápidos y cascadas. Si pones un pie en el lugar equivocado, serás arrastrado por una cascada que te quitará el aliento. La gobernanza fue un intento de controlar el agua que corría con fuerza, por lo que creamos una serie de esclusas y presas. Sus *data stewards* están ahí fuera, con un remo en la mano, tratando de navegar por ese torrente. Su objetivo es ayudarle a interactuar con sus datos de forma segura. Pero incluso con todo eso en su lugar, la cantidad de datos y la alta demanda de datos pueden hacer que parezca un esfuerzo inútil.

Dicho de otra manera, si la gobernanza es un embudo, tenemos dos formas de modificar el flujo:

1. Limitar el tamaño de la parte superior del embudo.

2. Ampliar el tamaño en la parte inferior del embudo.

En esta analogía, la parte superior del embudo es el ingreso de datos a sus esfuerzos de gobierno de datos. Limitar el tamaño en la parte superior del embudo hace que los responsables del gobierno de datos sientan que tienen más control. La parte inferior del embudo representa los datos a los que finalmente tendrán acceso los usuarios finales; naturalmente, la parte inferior del embudo ya está limitada. Por diseño, las prácticas actuales de gobierno de datos limitan la salida de datos al requerir que aparentemente todos los datos sean "gobernados" o "administrados" antes de que los usuarios finales puedan usarlos. Hace unos años, se hizo común modificar las prácticas de gobierno para enfocarlas en atributos clave de su organización, yo implementé esta modificación en mi rol más reciente como Directora de *BI*. Nos dimos cuenta de que no es factible esperar que unas pocas personas aprueben y validen cada pieza de datos en el universo de datos de su organización. Entonces, en lugar de abrir la parte inferior del embudo, cerramos la parte superior y limitamos la responsabilidad del programa de gobierno de datos solo a la lista de métricas organizacionales aprobadas. Este método definitivamente hace que la relación de datos se sienta más aceptable, pero no mejora el acceso de sus usuarios a los datos y a menudo crea una demanda reprimida de datos.

Siempre he considerado que el gobierno de datos es fundamental para cualquier trabajo de análisis. En mi primer libro, *"Healthcare Business Intelligence"*, lo definí como el principio más importante para un programa exitoso de *BI*. A pesar de todo, en mi experiencia y en mi corazón, sabía muy bien que lo que estábamos haciendo estaba mal. Rara vez había visto prácticas tradicionales de gobierno de datos funcionar de principio a fin, ya que muchas de ellas se enfocaban en *controlar* los datos en lugar de *usar* los datos. Muchos programas de gobierno de datos se enfocaban demasiado en la prevención y, como resultado, dificultaban el acceso de los usuarios finales a los datos. Como resultado, el programa era considerado un fracaso o los usuarios de negocio encontraban formas de evitarlo, alimentando el *shadow BI* en todas partes.

Si hablas con cualquier persona relacionada con los datos, te dirá que el gobierno de datos es realmente importante. Sin embargo, si le preguntas a las personas del negocio que utilizan los datos, sus respuestas están divididas. Todos están de acuerdo en que se deben "gobernar" los datos, pero el grado de gobernanza varía drásticamente. La gobernanza es una de las claves para una gestión de datos exitosa, pero hay una falta de definición compartida - o peor aún, las definiciones son tan amplias que se convierte en la proverbial "otra cubeta" de la gestión de datos. No es de extrañar que no podamos avanzar.

La demanda de datos nunca había sido tan alta. La angustia de las personas encargadas de los datos nunca había sido tan alta. Entonces, ¿qué pasa? Sé por experiencia de primera mano que incluso personas informadas y bien intencionadas pueden tomar datos y hacer cosas extrañas con ellos (¿sumar un promedio? ¿usar un gráfico circular para un análisis intrincado? ¿usar correlación y causalidad de manera intercambiable?). Pero aquí está el trato, ¿cómo en el mundo estas mismas personas tomarán decisiones más inteligentes o incluso se sentirán más cómodas preguntando sobre los datos y lo que implican si no les *damos* los datos? ¿Cómo aprendió mientras crecía? No fue sentándose en silencio y esperando que una ola de conocimiento le golpeara repentinamente y de manera mágica, esto no es diferente. Los usuarios finales deben tener permiso para meterse y arremangarse. En este momento, tenemos un embudo que es pequeño tanto en la parte superior como en la parte inferior, con usuarios frustrados que están (para bien o para mal) tomando el asunto en sus propias manos para responder sus preguntas con datos, y, por último, pero no menos importante, patrocinadores ejecutivos molestos - ¡y eso no es bueno!

Confianza en tiempos de guerra

Muchos profesionales de datos tienen historias de guerra sobre las cosas tontas que la gente hacía con los datos. Tengo tantas de ellas que he perdido la cuenta. Por lo tanto, la idea de que podemos gobernar el "uso apropiado" parecía una panacea o cura para todo, y yo estaba totalmente a favor, pero eventualmente tendría una nueva percepción.

He experimentado las consecuencias de que los usuarios finales tomen decisiones con "datos incorrectos"; mi principal objetivo era asegurarme de que nuestros datos estuvieran en excelente estado y solo entonces liberarlos a nuestros usuarios. En una ocasión, nos apresuramos a arreglar algunos "datos incorrectos", pero era demasiado tarde, la confianza se había roto. Yo estaba al timón del barco de datos y me sentí responsable, pero a la luz de los acontecimientos, los "datos incorrectos" no eran realmente los culpables. Había hecho una promesa imposible de cumplir, un camino hacia el fracaso.

En realidad, no existe tal cosa como "datos limpios", al menos cuando hablamos de la precisión de petabytes de datos, simplemente no es factible garantizar su limpieza. *Quizás* cuando todos teníamos algunos megabytes en nuestros *data warehouses*, podríamos esperar ese nivel de confianza, pero esos días se han ido para siempre. Ahora nos enfrentamos a un tsunami de datos, más de lo que cualquier ser humano o equipo de seres humanos podría controlar, pero antes de llegar a eso, necesitamos echar un vistazo atrás y comprender las variables que nos llevaron a este momento en el tiempo para evitar repetir errores del pasado.

Historia del gobierno de datos

Tengo esta escena en mi cabeza sobre el origen del gobierno de datos. Imagina una gran sala de conferencias, con sillas ejecutivas de cuero y ventanas con vistas a una metrópolis al estilo de *Mad Men*. En su interior, en un martes cualquiera, todos los *CXOs* y VPs se reunieron para su revisión trimestral de ventas. Cada uno sosteniendo con celo "sus" números, pero todos eran diferentes. Se produjeron discusiones; papeles esparcidos por todas partes mientras cada ejecutivo defendía su propia justificación. Finalmente, uno de ellos exclamó: "¡Tenemos que gobernar esto!"

Siempre me ha encantado hacer un poco de investigación. Salí en busca de libros, artículos, blogs y personas lo más atrás en el tiempo posible para entender cómo llegamos a donde estamos hoy con el gobierno de datos. Hay una cantidad alarmantemente alta de información errónea sobre el gobierno de datos. Una rápida búsqueda en Google muestra algunos de los desafíos sobre cómo definimos el gobierno de datos y cómo funciona. Separé el ruido para usted y entrevisté a varias personas en las que realmente confío para darle una breve y precisa historia del gobierno de datos.

> Cuando se busca en Google "data governance", se pueden encontrar algunas cosas fascinantes. Primero, una definición de SearchDataManagement.com:
>
> "El gobierno de datos (DG) es la gestión general de la disponibilidad, usabilidad, integridad y seguridad de los datos utilizados en una empresa. Un programa de gobierno de datos sólido incluye un cuerpo o consejo de gobierno, un conjunto definido de procedimientos y un plan para ejecutar esos procedimientos".
>
> Eso no fue del todo satisfactorio para mí, así que seguí buscando. Wikipedia dice:
>
> "El gobierno de datos es un concepto de gestión de datos que se refiere a la capacidad que permite a una organización asegurar que existe una alta calidad de datos en todo el ciclo de vida de los datos. Las áreas clave de enfoque del gobierno de datos incluyen la disponibilidad, la usabilidad, la consistencia, la integridad y la seguridad de los datos, e incluye el establecimiento de procesos para garantizar una gestión efectiva de los datos en toda la organización, como la responsabilidad de los efectos adversos de una mala calidad de datos y garantizar que los datos puedan ser utilizados por todos en la organización".
>
> Mayo de 2019

Para empezar, entrevisté a Claudia Imhoff. Si ha pasado algún tiempo en el mundo de los datos, especialmente en el *data warehousing* y modelado de datos, este nombre le será familiar. Para aquellos que no estén familiarizados, Claudia es literalmente una de las fundadoras de lo que ahora llamamos "*data warehouse*". ¿Quién mejor que ella para ayudarnos a entender la evolución del gobierno de datos?

Mi primera pregunta para Claudia fue "¿cómo empezó todo esto?" y la respuesta fue: con el *stewardship*. "El *Data Stewardship* fue principalmente una función para proporcionar contexto a los datos, buscar problemas de calidad de datos y ser un puente entre los técnicos y los no técnicos", dijo Claudia. "El papel era desesperadamente necesario, ya que nació de la reorganización de los datos a medida que los volúmenes crecían, incluso a finales de los años noventa".

Hoy en día, la mayoría de los programas de gobierno de datos aún tienen *data stewards*. El rol está destinado para ayudar a organizar y poner orden en el caos. En general, los *stewards* no son roles de tiempo completo y suele haber un número limitado de personas que pueden desempeñar el rol. Pero su trabajo es importante: asegurar que todos los datos estén bien definidos y dentro de los límites apropiados (es decir, el rango máximo y mínimo) basados en una definición ampliamente aceptada y bien socializada.

Los *data stewards* fueron creados para ayudar a eliminar la ambigüedad. Existía una sensación intuitiva de que había problemas, pero nadie realmente sabía lo que significaba "malo". ¿Se referían a datos deficientes? ¿Estaban preocupados por malas decisiones? Todo estaba en el aire. La esperanza era que los *data stewards* pudieran ayudar a aportar claridad y objetividad al trabajo analítico de datos que se llevaba a cabo en toda la organización. Pero incluso en aquel entonces, el problema era que no había definiciones claras de lo que significaba tener éxito con el gobierno o con *stewardship*. A pesar de los intentos de vincular proyectos de gobierno de datos a funciones de negocio específicas, muchos de esos esfuerzos fueron mejoras de única vez. Una y otra vez, la gobernanza y el *stewardship* comenzaban y luego se desvanecían, incapaces de demostrar el valor que proporcionaban a la organización.

El valor y el retorno de inversión (*ROI*) siempre han sido un desafío en el mundo de los datos. Aunque puede haber el proverbial tesoro bajo el arcoíris de datos, muchas veces es solo una ilusión. Debido a que el trabajo de datos puede estar cargado de tecnología, y la parte "tecnológica" del trabajo es más fácil de definir de forma tangible, tendemos a invertir prematuramente en software. Pero sin asociar claramente esa inversión a beneficios reales y a largo plazo relacionados con nuestros datos, perdemos la parte positiva de ese cálculo. Y no se trata solo de asociar la gobernanza con un proyecto que tenga beneficios claros y tangibles; se trata de vincularla a una mejor comprensión, una toma de decisiones mejor o más rápida. Puede vincular sus inversiones tecnológicas al uso y eso puede ayudar, pero como la historia ha demostrado una y otra vez, se desvanece porque es un valor a corto plazo.

Proyectos de software más grandes, como la gestión de metadatos y la gestión de datos maestros, completan el aspecto "de mayor tecnología" del gobierno de datos. Virtualmente ninguno de estos esfuerzos proporciona valor a sus usuarios finales. Las personas de datos (yo incluida) le dirán que los metadatos, *MDM* y políticas y procedimientos son críticos para un esfuerzo de gobierno de datos bien evaluado. Desafortunadamente, a las personas que está para apoyar, las personas que necesitan utilizar los datos, les importa muy poco un documento con políticas y procedimientos. Si no puede vincular lo que está haciendo en *este momento* con un valor tangible de negocio, es hora de reconsiderar y preguntarse por qué lo está haciendo.

La mayoría de los esfuerzos de gobierno de datos todavía se centran en el control. Literalmente, intentando asegurarse de que todos los datos estén definidos, sean correctos y tengan "alta calidad". Muchos programas intentan garantizar que el usuario de negocio promedio pueda comprender completamente todos los aspectos de los datos y no interpretarlos incorrectamente ni tomar decisiones erróneas. Lo cual, por supuesto, no es posible.

La idea de que todos los datos puedan ser "correctos" no es posible por muchas razones. Los datos son demasiado "caóticos". No hay suficientes personas en ninguna organización para "limpiarlos". Los usuarios finales promedio no ven suficientes datos para saber qué tipos de preguntas hacer. La mayoría de los departamentos de datos no tienen el contexto de negocio, el tiempo o las herramientas para abordar el problema principal. El problema principal es el llamado "datos incorrectos" y es solo un síntoma de un método o proceso roto o mal alineado que creó los datos. Nuestros procesos de gobierno de datos rotos no están optimizados para ayudar a la organización a mejorar los procesos que crean los "datos incorrectos", la calidad de los datos o para utilizar los datos de manera más efectiva.

No estoy diciendo que debemos simplemente dejar de intentar hacer lo correcto cuando se trata de gobierno de datos o calidad de datos. Lo que estoy diciendo es que debemos dejar de perseguir nuestras propias colas con objetivos inalcanzables; debemos tener en cuenta la posibilidad de error. Debemos considerar dónde es mejor colocar nuestros recursos limitados para asegurarnos de que podemos exprimir cada posible pieza de valor de nuestros datos. Es hora de desafiar algunas creencias arraigadas sobre la gobernanza, la calidad y el uso de los datos.

Impacto organizacional de la gobernanza

Desde que existen prácticas de gobierno de datos, hemos tenido patrocinadores ejecutivos. A lo largo de los años, he tenido la suerte de trabajar con muchos ejecutivos de esta manera y todos tienen una cosa en común: son ejecutivos. Aparte de eso, es una lotería. Algunos están tan enfocados en los detalles que no pueden dejar las operaciones diarias. Otros están a tan alto nivel que usted se pregunta de qué color es el cielo en su mundo. He tenido patrocinadores ejecutivos increíbles, pero honestamente, también he tenido algunos malos. Durante demasiado tiempo, el papel de un patrocinador ejecutivo para el gobierno, o realmente cualquier función relacionada con los datos, ha sido mal definido. Sin embargo, confiamos en ellos para obtener apoyo cuando las puertas se cierran.

Ya sea que su ejecutivo haya apoyado una función de gobierno de datos en el pasado o no, es hora de definir claramente el papel y las expectativas del patrocinador ejecutivo. Los datos son demasiado importantes para cualquier organización como para permitir que su patrocinador vuele a ciegas en esa sala de juntas ejecutiva (a nadie le gusta eso). Si van a apoyar la función de gobierno, lo primero que debe cambiar es su nivel de participación. Es raro que un ejecutivo entienda el gobierno de datos. La mayoría sabe que se necesita gobernanza para obtener información de los datos. Pero este "nuevo" gobierno de datos que estamos proponiendo requiere un poco de determinación, mucha paciencia y una comprensión completa del por qué.

Es fácil culpar al ejecutivo por su falta de apoyo. Con más frecuencia, la verdad es que hemos fallado al comunicar claramente y de manera consistente el valor y los desafíos asociados con el gobierno de datos de una manera que el ejecutivo pueda entender. La comunicación es de doble sentido; su ejecutivo debe estar dispuesto a hacer un esfuerzo, pero usted debe considerar a su audiencia al presentar los desafíos y oportunidades.

Gobierno de Datos Disruptivo

El gobierno de datos está roto. No hay forma de hacer cambios incrementales para arreglarlo. En el centro del problema, no solo con la gobernanza sino también con todos los análisis, está la necesidad urgente de proporcionar un valor proporcional. Los ejecutivos han aceptado (¿a regañadientes?) que los datos son un activo importante para sus organizaciones, pero muchos de ellos han sido afectados por los métodos y procesos actuales asociados con un buen gobierno de datos, por lo que están aprensivos, y con razón. Los expertos en datos en la mayoría de las organizaciones han hecho todo lo posible, a menudo bajo un escrutinio intenso, para construir activos de datos (*warehouses*) y procesos para llevar los datos a las masas. Pero estos mismos expertos en datos a menudo se encuentran con usuarios finales frustrados, *stakeholders* críticos y, en muchos casos, colegas que están completamente desconectados o que simplemente no tienen el tiempo o el interés en convertirse en "alfabetizados en datos".

Durante mucho tiempo, los profesionales de datos han utilizado el mantra (y muchos todavía lo hacen) de que "los usuarios de negocios simplemente no entienden". Sé que lo he usado a menudo e incluso recientemente. Los profesionales de datos sienten que es su responsabilidad proteger a los usuarios finales del desorden, pero ver el desorden realmente ayuda al negocio a comprender el desafío y empatizar con por qué el trabajo lleva tanto tiempo, así como por qué es tan importante. Proteger al negocio de esta realidad significa que hemos creado nuestro propio pequeño desorden y se nos ha vuelto en contra. Los profesionales de datos a menudo convencen involuntariamente al negocio de que no pueden entender nuestras luchas, aunque *sabemos* que los necesitamos para hacerlo.

Como resultado, los equipos de datos crean programas de *data literacy* para ayudar al usuario de negocio promedio a comprender mejor los datos. Literalmente tuve un ejecutivo que me miró y dijo: "¿no es ese *tu* trabajo?" ¿entender los datos y proporcionar información? Su punto era que él no contrata "personas de datos" o "analistas", entonces ¿por qué debería esperar que entiendan y usen los datos de la misma manera que mi equipo podría hacerlo?

Tenemos una brecha creada por nosotros mismos; una que, si no tenemos cuidado, matará a la industria de datos tal como la conocemos. Ya estamos viendo señales. Muchos de nosotros vemos que nuestro arduo trabajo se desvanece porque una unidad de negocios compró un nuevo software que proporcionó información que el equipo estaba buscando. Las celebraciones abundan y luego, en la proverbial reunión incómoda, todos se vuelven hacia usted con una mirada que dice "ves, no es tan difícil". Está sucediendo todo el tiempo porque ahora cada producto tiene una herramienta de tablero de control integrada. La integración de datos se está volviendo cada vez menos importante porque los datos que ven son lo *suficientemente buenos* para lo que necesitan.

La "antigua" forma de gobierno de datos está en el centro de gran parte de esta falta de uso. Nuestro enfoque de mando y control de la gobernanza ha -por diseño- protegido a nuestros usuarios de ver cuánto trabajo lleva llegar a un conjunto de datos "limpio". En lugar de mejorar el proceso en el origen, los equipos de datos a menudo se encuentran en la posición de arreglar los datos al final. Una posición que cualquier persona de calidad de datos le dirá que es insostenible. Tenemos demasiados datos, demasiada demanda y recursos insuficientes.

Nos encontramos en un momento en el que se crean petabytes de datos diariamente; donde cualquiera puede adquirir fácilmente una herramienta de software con su propia base de datos; donde se exigen respuestas en nanosegundos. La idea ingenua de hacer que todos se detengan lo suficiente para que podamos definir los datos y controlar su uso es absurda.

Entre lo que se produce y lo que se logra

Los resultados del antiguo enfoque de gobierno de datos eran largas listas de actividades que no llevaban a ninguna parte, y a menudo se perdía el resultado esperado. Las buenas intenciones de tener datos más utilizables, seguros o bien definidos se perdieron en la confusión de actividades que no estaban claramente alineadas con la forma en que el usuario promedio piensa o quiere usar los datos.

Replanteando el gobierno de datos en torno al concepto de *usar* los datos es un cambio semántico pequeño pero muy importante. El objetivo de la gobernanza siempre fue el "uso apropiado" de los datos, pero el mundo cambió y nuestros procesos no lo hicieron.

Después de hacer mucha investigación para este libro y hablar con una larga lista de expertos, había un tema recurrente: la confianza. Lo escuché en casi todas las entrevistas que realicé. Lo escribía en mi pizarra y luego lo borraba para pasar a otra cosa. Creo que hice eso al menos diez veces antes de que ya no pudiera ignorarlo: el gobierno de datos se trata de confianza. No creo que sea una sorpresa, pero lo que significa es que hemos estado avanzando con una lista de resultados del gobierno de datos que casi no tienen nada que ver con el único resultado que importa: la confianza.

Estoy proponiendo lo que yo llamo "la democratización radical de los datos". Es hora de sacar los datos ahí afuera. Para hacerlo, los equipos de gobierno de datos tendrán que reevaluar lo que hacen y ajustar para ayudar a la organización a asimilar al concepto de que no existe tal cosa como datos 100% precisos. La democratización radical del acceso a los datos significa que tenemos que confiar el uno en el otro. Los profesionales de datos tienen que reconocer que el usuario promedio solo está tratando de hacer su trabajo. Y el usuario promedio tiene que reconocer que el equipo de datos no puede abordar concebiblemente cada matiz de datos o negocio, especialmente sin contexto.

Pero ¿POR QUÉ?

En el influyente libro de Simon Sinek "*Start with Why*", lamenta que la mayoría de las personas asumen que saben, pero tal vez realmente no lo saben, o si lo saben, al menos asumen que los demás también lo saben. Creo que esto es lo que ha sucedido con el gobierno de datos. Asumimos que todos sabían por qué, y perdimos nuestro camino. Como resultado, el gobierno de datos nunca pudo ganar realmente tracción porque lo definimos como un qué, no un por qué.

¿Por qué estamos haciendo gobierno de datos? ¿Qué valor proporciona el gobierno de datos al negocio? Si no podemos demostrar sin lugar a dudas que lo que estamos haciendo está proporcionando valor, deberíamos dejar de hacerlo. Hay demasiado trabajo por hacer como para justificar trabajar en cosas que no proporcionan valor al negocio.

Divido el "Por qué" del gobierno de datos en cuatro funciones:

Función	% de importancia	Valor
Aumentar el uso de los datos	50%	Información para toma de decisiones
Calidad (Contexto)	25%	Confianza/Transparencia
Linaje/*Data Catalog*	15%	Visibilidad
Protección	10%	Prevenir riesgos

Bajo nuestra nueva asignación de valor, la protección de datos tiene solo el diez por ciento de importancia. ¿Por qué? Porque la protección es parte del esfuerzo más amplio de gobernanza que corresponde más al equipo de seguridad. Es un esfuerzo que requiere capacidades mucho más allá del rol típico de *data steward*. Además, desafortunadamente, tiene poco peso cuando alguien quiere ver los datos. Es como un seguro; solo te das cuenta de cuánto realmente lo necesitas después de que algo malo ha sucedido. No podemos desestimar completamente la protección, pero no debería ser lo fundamental. La función más importante, sin lugar a dudas, es la de aumentar el uso de los activos de datos.

Además de la necesidad de involucrar a más personas en los datos y la reasignación de la protección al equipo de Seguridad de la Información, la corrección tampoco puede ser el objetivo principal. La idea de que los datos son "correctos" era algo en lo que se centraban la mayoría de los esfuerzos tradicionales de gobierno de datos. Cuando se pone demasiado énfasis en la corrección, se pierde espacio para los matices en los datos. Puede estar introduciendo un sesgo que parece un patrón. Al igual que la idea de que un gerente de enfermería y un gerente de finanzas definen a un paciente de manera diferente, tener solo una forma de definir y controlar sus datos puede estar obstaculizando la obtención de información en lugar de apoyarla. Aquí hay un gran ejemplo: supongamos que un *steward* decide que todos los informes solo mostrarán recuentos de pacientes durante los "días hábiles" y que la definición de día hábil es de lunes a viernes. Sin que usted o el *steward* lo sepan, se abre una clínica para atención urgente los sábados. Los informes no se modifican y, como tal, se toman decisiones a partir de datos que no se muestran. Técnicamente, los datos son "correctos" según nuestras propias definiciones. El objetivo de la corrección implica un sentido de omnisciencia que no es escalable en una organización moderna y en constante cambio.

Equivocarse no es nuestro problema, esperar estar en lo correcto sí lo es. La verdad es que, especialmente en el mundo de los datos, la corrección es un ejercicio inútil. Cuando buscamos ser correctos en primer lugar, estamos diciendo que valoramos la consistencia de la respuesta por encima de la precisión de la respuesta. Eso puede llevar a sentir la necesidad de ocultar datos, cambiar los datos o ignorar completamente los datos que no encajan en nuestra versión de lo correcto. He visto cada uno de estos escenarios en organizaciones que estaban haciendo todo lo posible. Es un terreno resbaloso que lleva a un sesgo consistente, no a la precisión. Estamos sistemáticamente ignorando los *insights* en busca de estar en lo correcto. El hecho de que los datos no se hayan ingresado correctamente desde el principio es un *insight* en sí mismo. En lugar de eso, lo atribuimos a un problema de entrenamiento o a un empleado conflictivo y seguimos adelante. ¿Estamos en lo correcto o no?

Si el mando y control no puede ser el objetivo y la corrección no puede ser el objetivo, ¿entonces cuál es? Literalmente... equivocarse, "fracasar rápido" o como quiera llamarlo. Es tiempo de reorganizar sus métricas de éxito en torno al uso y no al recuento de métricas (o informes utilizados). El éxito debería ser que los usuarios finales hagan preguntas sobre los datos, el éxito debería ser un aumento de diez veces en su base de usuarios. Olvide el control: capacite a sus *stewards* sobre cómo responder a preguntas y desafíos y qué hacer cuando ocurran errores. Reorganice el concepto de *stewardship* de la prevención de "errores" a la respuesta cuando los usuarios tienen preguntas. Sus *stewards* son la primera línea de defensa listos para ayudar.

¿Cómo le ayudará este libro?

Usted ha llegado hasta aquí, así que probablemente comparta mi forma de pensar o al menos lo que he dicho le haya resonado. En los siguientes capítulos, desglosaremos el cambio en el gobierno de datos en cuatro pilares comunes: Personas, Procesos, Tecnología y Cultura. Cada uno de ellos será un capítulo que detallará los cambios necesarios. En el capítulo de "Personas", revisaremos las descripciones de trabajo de los roles de gobierno de datos, permitiendo que sean asignados tanto a una función específica (por ejemplo, finanzas) como a una función "en general". En el capítulo de "Procesos", veremos cómo el gobierno de datos puede adaptarse a los métodos ágiles y los procedimientos de *DataOps* para no sólo proteger los datos sensibles, sino también promover su uso. En el capítulo de "Tecnología", aprenderemos cómo las soluciones tecnológicas deben ser un medio para un fin. En el capítulo cuatro, "Cultura", veremos lo crítico que se vuelve el concepto de gobernanza cuando reconsideramos las implicaciones del cambio. Un capítulo de calidad de datos completará algunos detalles críticos para implementar el gobierno de datos en un *data warehouse* moderno. Por último, pondremos todo junto y veremos los beneficios de la disrupción. Este último capítulo será un marco para operacionalizar el cambio en su organización, lleno de listas de verificación y listas de tareas para ayudarlo a avanzar hacia una democratización radical de los datos de su organización

Nada es perfecto y cuanto más intentamos hacerlo perfecto, más rápido perdemos terreno. Aceptemos las vulnerabilidades; sólo entonces seremos capaces de mejorar el estado de nuestros datos.

Antes de empezar

Mientras me preparaba para escribir este libro, entrevisté a mucha gente (encontrará la lista de entrevistados en la sección de agradecimientos). Algunos están citados directamente, mientras que otros contribuyeron en mayor profundidad al contenido, sin citas específicas. Aprendí mucho de estas personas y les estaré eternamente agradecida. Una discusión en particular inspiró un pequeño dibujo en mi pizarra; creo que es lo suficientemente importante como para compartirlo antes de que nos adentremos demasiado en el tema. Joe Warbington era el Director de Análisis de Salud en una gran empresa de visualización de datos. Conozco a Joe desde hace unos años y es un creador prolífico de contenido tanto para la visualización de datos como para la industria de la salud. Ha visto muchas empresas y sabe lo que funciona y lo que no. Mientras hablaba, mencionó lo impaciente que eran algunas empresas y que la madurez relativa de la organización en la industria de datos era un indicador de cuánto tiempo realmente se necesitan para los esfuerzos de gobierno de datos.

Se me ocurrió una idea mientras dibujaba los ejes de un gráfico de líneas. Etiqueté el eje Y como "Tiempo" y el eje X como "Madurez":

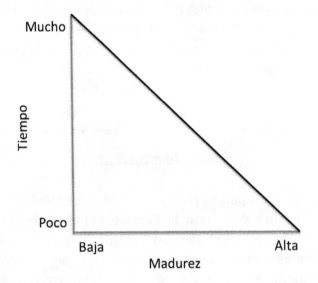

Tómese un minuto para considerar la madurez de su organización con respecto a los datos. Hay formas formales de medir esto, por supuesto, y las cubriremos más adelante. Por ahora, mientras está sentado leyendo, simplemente haga una rápida evaluación: ¿qué tan madura es su organización en cuanto a los datos? Si siente que está en el extremo inferior del eje de madurez, sepa que le llevará más tiempo encontrar su rumbo. La parte de la que nadie quiere hablar es el valor de la experiencia al construir cualquier esfuerzo de gobierno de datos; el esfuerzo y el enfoque que se requiere para llegar a ser más maduro con los datos es un beneficio en sí mismo. Aprenda, crezca, contrate de manera diferente y hable de manera diferente sobre lo que significa los datos para la organización. No evite el trabajo, porque dentro del trabajo hay valor y educación. Así que incluso si piensa que es "inmaduro", acéptelo y trabaje para mejorarlo. Solo recuerde, va a tomar algo de tiempo. ¿Está listo? ¡Vamos!

Capítulo 1

Personas

¿Quiere aprender algo radical y nuevo que cambiará su forma de pensar para siempre? La única razón por la que hacemos gobierno de datos es para que las personas realmente puedan **usar los datos**. Este capítulo pretende ser una llamada de atención para cualquier persona que se encuentre apoyando o dirigiendo una función de gobierno de datos de la manera "tradicional". Aquí está: no se trata de la tecnología; se trata de las personas. Me refiero a las personas que trabajan con los datos, las personas que protegen los datos y las personas que usan los datos.

En todos mis años, nunca he visto un esfuerzo de gobierno de datos debidamente dotado de personal. He visto muchos esfuerzos de calidad de datos bien dotados de personal, pero incluso éstos a menudo eran basados en proyectos y con un alcance demasiado estrecho para tener un impacto real. Debemos dejar de hacer que el gobierno de datos sea sobre tecnología, proyectos específicos o la búsqueda de datos perfectos.

Es verdad que no todas las personas son creadas iguales cuando se trata de habilidades en datos. Todo el mundo está buscando un unicornio o un rinoceronte (aparentemente una alternativa ligeramente más razonable al unicornio). Usted no necesita atravesar el universo o ir de safari en busca de estas criaturas míticas. Lo que necesita son personas inteligentes y dedicadas, y un enfoque abierto diseñado para democratizar el acceso a sus datos. Porque si el uso de sus datos no es su objetivo principal, ¿entonces qué diablos está haciendo?

Esta nueva evolución del gobierno de datos requiere personal, pero no de las proporciones mastodónticas que el antiguo gobierno de datos habría requerido si se obtuviera de manera apropiada; requiere recursos inteligentes y adaptativos. En este capítulo, cubriremos los roles que se necesitan, el número recomendado de personas para cada uno de esos roles y dónde esas personas deberían reportar en la organización.

Hablemos sobre stewardship

Los *data stewards* han sido el corazón de la mayoría de los esfuerzos de gobierno de datos en las últimas décadas. Son las personas que conocen bien los datos y los sistemas. Hablan el lenguaje de TI (porque deben ser capaces de leer modelos de datos) y lo traducen de vuelta al negocio. El rol requiere la paciencia de un maestro de jardín de niños y la capacidad de negociar exitosamente una situación de rehenes. Los buenos *data stewards* no son criaturas míticas, pero son extremadamente raros, y es por esto por lo que depender tanto de ellos no funciona.

Según Merriam Webster, *stewardship* se define como "el cuidadoso y responsable manejo de algo". En lugar de un *data steward*, me gusta la idea de un Sherpa de datos, alguien que esté allí para guiarlo a través de las complicaciones que surgen con la gestión de datos. El objetivo de esta persona debería ser utilizar a las personas inteligentes a su alrededor que conocen los datos y cómo las personas quieren usarlos. Lo más importante es que el Sherpa está completamente abierto a la idea de que cuando las personas usan datos, pueden cometer errores y eso es solo parte del proceso.

Cuando entrevisté a otros acerca de esta idea de que debemos permitir que los usuarios cometan errores, hubo mucha preocupación. Cuando se les presionó, esta preocupación parecía surgir de un lugar de profunda preocupación por las regulaciones, la privacidad, el cumplimiento y la prevención de riesgos. De hecho, así es como muchos esfuerzos de gobierno de datos se apoyan en las organizaciones, a través de un constructo de control de riesgos - tenemos que gobernar los datos para poder controlar nuestro riesgo. El enfoque de las iniciativas tradicionales de gobierno de datos siempre ha sido el concepto de control y protección.

¿Cómo se controla el uso de un activo, al mismo tiempo que se obtienen muchos *insights*? Bueno, creo que la verdad es que no se puede. Las organizaciones que han adoptado un estilo de gobernanza tradicional de mando y control tienen dificultades para aprovechar sus datos de manera efectiva, mientras que las organizaciones que adoptan un enfoque más liberal están encontrando ideas más rápidamente de lo que pueden aplicarlas.

Todo el mundo parece saber que tienen que hacer gobierno de datos, pero se ha convertido en la "otra cubeta" para la gestión de datos. Si hay un problema con los datos, es un problema de gobernanza. Si alguien no entiende los datos, es un problema de gobernanza. Si hay demasiados o muy pocos datos, es un problema de gobernanza. Colocamos las enormes responsabilidades y presiones de la gestión de acceso, los controles de seguridad, los grandes esfuerzos de trabajo como las matrices de clasificación de datos y la documentación de políticas y procedimientos en el gobierno de datos. Incluso cuando tenemos éxito en estas áreas, hemos brindado poco o ningún beneficio a las personas que realmente usan los datos. Perdido en alguna parte de las responsabilidades de gobierno de datos se encuentra lo único que puede salvarla: las personas que usan los datos. Reconozco plenamente que tenemos que proteger los datos, pero creo que la responsabilidad de ese esfuerzo debería recaer completamente en su departamento de Seguridad de la Información. El gobierno de datos debe ser responsable de la promoción del activo de datos, mientras que solo participa en la protección del activo.

La diplomacia tiene mucho sentido para el gobierno de datos. La función de un embajador es representar el rango más alto de su país mientras busca proteger y promover los intereses de su liderazgo. La función de la gobernanza debe ser equilibrar la protección de los datos con la promoción de los datos mientras representa los intereses de su país. Si nadie está utilizando sus datos, supongo que ha tenido éxito en protegerlos; pero estoy bastante seguro de que sus socios de negocio que están respaldando financieramente el esfuerzo, no estarían muy contentos.

La cuerda floja de la gobernanza

Equilibrar la protección y la promoción requerirá algún esfuerzo, cada una debe estar bien definida y gestionada para evitar perder el enfoque en sus respectivos objetivos. El apoyo continuo al gobierno de datos requerirá la capacidad de reclamar suficientes beneficios para lograr un retorno de inversión (*ROI*). El equilibrio entre la promoción y la protección es fundamental para el apoyo a largo plazo. Sin este yin y yang, siempre tendrá dificultades para obtener los beneficios o justificar un *ROI*, este es el triste estado en el que muchas organizaciones se encuentran actualmente con el gobierno de datos. Lo que se protegerá debe ser negociado con su equipo de Seguridad de la Información. Estos grupos varían en tamaño entre las organizaciones y las industrias. El cambio más grande que tendrá que hacer si está haciendo gobierno de datos tradicional hoy en día es este: tendrá que convertirse en el experto en la materia para su grupo de Seguridad de la Información.

Me gusta usar modelos "*RACI*" cuando se trata de equipos grandes. Esto alinea claramente con cada rol cuál es la función sin tener que profundizar en las descripciones de trabajo. Así es cómo veo que el modelo *RACI* para el gobierno de datos moderno se desarrolla con los equipos de Seguridad de la Información:

Función	Gobernanza	Seguridad de la Info	Analistas de Datos
Políticas/Procedimientos	C, I	R, A	C, I
Gestión de Accesos	C, I	R, A	I
Clasificación de Datos	R	A	C, I

R = Responsable, A = *Accountable*, C = Consultado, I = Informado

¿Asombrado? Si ha estado en el gobierno de datos por suficiente tiempo, es probable que el cambio que estoy proponiendo en la tabla de arriba le haya hecho marcar la página y dejar el libro por un momento. Le prometo que no he perdido completamente la cordura, así que le pido que confíe en mí y me permita explicarlo con más detalle.

La protección de datos en la era moderna ha superado con creces las capacidades de la mayoría de los esfuerzos de gobierno de datos; no hemos estado contratando a profesionales de seguridad de la información para estos equipos, y nunca deberíamos hacerlo. Pero programas como el *GDPR*, la legislación reciente en California y, en menor medida, *HIPAA* y *SOX*, han puesto tantas demandas para la regulación de protección de los datos que requiere un conjunto de habilidades especializadas. Si se obliga a los roles de gobierno de datos a ser responsables de la implementación de estos amplios esfuerzos de seguridad, no hay forma de que también puedan apoyar el uso de los datos; estarán demasiado ocupados controlando los datos. Más importante aún, la protección y la promoción son dos cosas diferentes. Es impensable esperar que alguien se centre con éxito en mantener los datos dentro y dejar que los datos salgan al mismo tiempo. Es mejor tener un grupo de Seguridad de la Información con el que pueda asociarse. Deben liderar la implementación de protocolos de seguridad, gestión de acceso y proporcionar requerimientos para los equipos de gestión de datos. Mientras que el equipo de gobierno es responsable de promover los activos de datos y actuar como experto en la materia con el equipo de Seguridad de la Información. Su equipo de gobierno siempre debe tener una línea punteada con el equipo de Seguridad de la Información mientras reporta directamente al *Chief Data Officer*.

Gestión activa vs pasiva

La gestión activa de los datos es lo que históricamente se le ha encomendado a los *stewards* en su rol. Ya sea para un proyecto o un esfuerzo de programa más grande, eran responsables de definir activamente los datos, comprender los propios datos y ayudar tanto a las personas técnicas como a las de negocio a hacer un uso adecuado de los datos. Es un trabajo muy completo y "proactivo" en la gestión de los datos. A medida que los *data warehouses* crecieron, la capacidad de escalar hacia una gestión activa de todos los datos por parte de un *steward*, o incluso un equipo de *stewards*, rápidamente se convirtió en un castigo cruel e inusual. Además, a menudo la guía proporcionada por los *stewards* nunca se implementaba realmente en el *data warehouse*, típicamente porque el equipo técnico no estaba seguro de qué hacer con ella.

Esta es una de las razones por las que odio el gobierno de datos. El trabajo fue técnicamente exitoso porque se basó en los términos en ese momento, por ejemplo, definimos nuestros indicadores clave de rendimiento. Sin embargo, siempre había una desconexión entre el proceso (definiciones completas) y la tecnología (es decir, hacer algo con esas definiciones). Ni siquiera hablemos del hecho de que obligar el uso de una definición para la mayoría de las organizaciones no es muy factible. Veo tres brechas principales:

1. La brecha entre el equipo técnico y los *stewards*, lo que resulta en una incapacidad de operacionalizar el buen trabajo del *steward*.

2. La brecha entre las personas de negocios y los *stewards*, en la falta de alineación de propósito.

3. Finalmente, la brecha entre los usuarios y los *stewards* cuando las definiciones no satisfacían las expectativas de todos.

Se convirtió en un juego de culpas. Lo mejor que se podía esperar era una buena comunicación, lo cual con franqueza probablemente era todo lo que teníamos derecho a esperar en primer lugar.

Históricamente, los líderes y patrocinadores se sentaban y esperaban, esperaban a que las personas responsables del gobierno de datos les trajeran algo a lo que pudieran responder. Como buen profesional de datos, siempre intenté limitar la interacción que los ejecutivos tenían con los datos porque no quería saturarlos. Pero recientemente, al reflexionar sobre los intentos exitosos e infructuosos que he tenido, me di cuenta de algo. Si los datos son el nuevo petróleo o la sangre vital de una organización, ¿por qué les damos a los ejecutivos un pase libre? ¿Alguna vez esperaría que su equipo financiero actuara por su cuenta y viniera a usted un año después y dijera: "Lo siento, nos declararon en bancarrota porque no estábamos seguros de en qué quería que nos enfocáramos"? ¡Sin embargo, permitimos que suceda todo el tiempo con este "activo" tan importante!

Un cambio de última hora

En el pasado, los roles activos eran los *stewards* y analistas que vivían y respiraban los datos. Los roles pasivos tendían a ser los líderes, quienes transferían la responsabilidad a los niveles más bajos de la organización. Mi propuesta es cambiar estos roles activos/pasivos. Los líderes y patrocinadores deben asumir un papel activo y los *stewards* y analistas deben asumir un papel más pasivo. Ahora, no quiero decir que los líderes y patrocinadores facilitarán sesiones para determinar las definiciones de negocio de los datos. Lo que quiero decir es que son responsables de los criterios de éxito y la evaluación de riesgos del programa de gobierno de datos. *Deben* desempeñar un papel activo en comprender que el uso real de los datos (que impulsará el *ROI*) introduce riesgos. La recompensa de que más personas en la organización usen los datos debe valer el riesgo y solo las personas que lideran la estrategia de la organización pueden tomar esa determinación.

Así es como funcionaría. Alguien lo más alto posible en la organización ha determinado que debe reformular su esfuerzo de gobierno de datos porque no está funcionando (o tal vez nunca lo tuvo desde el principio). Lo primero que sucede es que debe restablecer las funciones de liderazgo del gobierno de datos. Si esto proviene de los ejecutivos, entonces tendrán que decidir si el líder actual es efectivo. Obviamente, si no hay un líder actual, entonces uno debe ser seleccionado o contratado. Luego, el o los ejecutivos y el líder deben sentarse y negociar los términos de la nueva función de gobierno de datos. Los términos de esta negociación deben cubrir estos elementos:

- Alcance
- Presupuesto
- Indicadores de éxito
- Personal
- Evaluación de riesgo

Parte del éxito de esta nueva forma de pensar sobre el gobierno de datos requiere que los líderes de la organización adopten un papel activo y temprano en la creación de los estándares de éxito. Si desea utilizar datos y necesita encontrar una manera de hacerlos valiosos, es responsabilidad de los líderes de la organización ayudar a definir eso para las personas que trabajan con los datos.

Alcance

El patrocinador ejecutivo principal, junto con el líder de gobierno de datos, debe decidir qué áreas serán responsabilidad del gobierno de datos y, tan importante como eso, qué áreas no serán responsabilidad de este. Cuanto más específico sea en esta área, mejor será para usted. No es aceptable decir algo como "El gobierno de datos garantizará datos de alta calidad" o "El gobierno de datos gobernará todos los datos". Eso no es viable, eso es un planteamiento para el fracaso. Las áreas de enfoque deben ser métricas clave de la organización, métricas de uso de datos, tableros de control de calidad de datos, mejora en la transparencia de datos, etc.

Presupuesto

Esto costará dinero; no se pueden reformular los objetivos de gobierno de datos en torno al uso sin invertir en ello. Si la organización no quiere invertir en gobierno de datos, que no lo haga, y ciertamente que no intente hacerlo y poner a alguien en una posición insostenible. Es probable que haya alguna inversión en tecnología, aunque la mayoría de los costos y esfuerzos asociados con el gobierno de datos deben centrarse en las personas y los procesos, y menos en la tecnología. Dicho esto, hay excelentes herramientas tecnológicas que pueden ayudar una vez que sepa lo que desea hacer. Esta también sería una buena oportunidad para determinar si necesita algún apoyo de consultoría. Poner en marcha estos programas puede requerir una cantidad significativa de esfuerzo; un apoyo adicional mientras establece las bases puede ser ventajoso.

Indicadores de éxito

Imagine por un momento que es el nuevo líder de gobierno de datos. Está en una sala con un par de ejecutivos que se han tomado el tiempo para asegurarse de que empiece con el pie derecho. Ha acordado el alcance y el presupuesto, y se siente, por primera vez, como si esto realmente pudiera funcionar. Entonces, le surge una pregunta: "¿Cómo se verá el éxito?" ¿Cómo sabremos si el programa es exitoso? Claro, cuidará su alcance y gastará su presupuesto, pero ¿cómo sabrán estos ejecutivos que realmente hizo lo que dijo qué haría? Ahora es el momento, mientras los tiene en la habitación con usted, de determinar algunas métricas de éxito para el programa. Deben ser razonables, objetivas y, por supuesto, debe poder darles seguimiento. Me gusta tener una mezcla de métricas específicas de datos (como algoritmos o definiciones finalizados) y métricas basadas en la satisfacción (como satisfacción o facilidad de uso). De nuevo, la especificidad es clave, pero siempre puede volver al patrocinador ejecutivo con las definiciones de cosas como "finalizado" o lo que significa "hacerlo fácil" para interactuar con los esfuerzos de gobierno de datos.

Personal

Necesitará personas. Claro, algunos probablemente serán contratistas o consultores que ayuden en la fase de construcción, pero no puede hacer esto sin el personal adecuado. Si pudiera señalar por qué la mayoría de los esfuerzos de gobierno fallan, sería porque las organizaciones tienden a pensar que el trabajo está hecho cuando terminan de definirlo. En realidad, el trabajo nunca está terminado, pero lo que podemos hacer es automatizarlo tanto como sea posible. Es por eso por lo que construirlo implica un mayor esfuerzo (o debería serlo) que mantenerlo. Deberá acordar el número de personal; yo comenzaría con un pequeño número porque no quiere que la contratación, el *on-boarding* y la gestión de personal lo retrasen. Contrate a algunos recursos clave y déjeles hacer su trabajo. Más adelante en este capítulo, identificaré esos recursos clave.

Evaluación de riesgo

El alcance, el presupuesto, los indicadores de éxito y el personal parecen bastante sencillos. Cuando se trata de la evaluación de riesgo, probablemente esté pensando: "Seguramente haré las otras cosas, pero no voy a hacer una evaluación de riesgos con mis ejecutivos". Simplemente se siente fuera del núcleo de lo que debería hacer el gobierno de datos. Toda la razón por la que intentamos hacer gobierno de datos es por el riesgo; el riesgo de no gestionar los datos, tener diferentes definiciones, divulgaciones inadvertidas, uso inapropiado. Tómese el tiempo al principio de este proceso para identificar lo que sus ejecutivos están dispuestos a aceptar en términos de riesgo. Puede encontrar algunas plantillas de evaluación de riesgo en technicspub.com/disrupting-dg.

La mayoría de los proyectos tienen un registro de riesgos. Es una de las herramientas que encuentro realmente valiosa. Así que tómese unos momentos y documente todas las áreas en el gobierno de datos donde ha identificado posibles problemas y riesgos. Es probable que ya tenga varios de esos porque habló sobre su alcance, presupuesto, personal e indicadores de éxito. Anótelos todos y descríbalos detalladamente, luego cree un método para determinar la probabilidad e impacto. Finalmente, defina planes de mitigación para aquellos que superen un umbral acordado. Vale la pena invertir su tiempo en averiguar en qué áreas están más preocupados sus ejecutivos.

No puede terminar aquí. Debe seguir interactuando e incluyendo activamente a los patrocinadores ejecutivos en el programa. Excluirlos solo les da tiempo para olvidar y pone al líder en una posición de tener que volver a explicar y eventualmente defender su posición. El primer paso es crear un entendimiento común sobre el trabajo del gobierno de datos. El verdadero esfuerzo de comunicación con su patrocinador ejecutivo surge a medida que usted construye y automatiza.

Liderando

En primer lugar, aclaremos que hay una diferencia entre liderazgo y patrocinio. Por muy activos que necesitemos que sean nuestros patrocinadores ejecutivos, no pueden estar involucrados en el día a día; ese es el trabajo del líder. Los patrocinadores ejecutivos pueden ayudarnos a definir en qué deberíamos estar invirtiendo nuestro tiempo, pero el líder de la función de gobierno de datos debe estar dispuesto y ser capaz de dirigir el barco.

Recientemente he visto un aumento de *"Chief Data Governance Officers"* y similares. Honestamente, hay un exceso de *"Chief X Officers"*, así que supongo que no debería sorprenderme. Siento tan fuertemente como cualquier persona que el gobierno de datos debe ser dirigido y prestarse atención, pero no todos los roles requieren un jefe. En muchos casos, incluido este, tiene más sentido tener un líder con la autoridad organizativa adecuada para hacer el trabajo. En el pasado, los líderes de gobierno de datos a menudo eran colaboradores individuales, en el fondo de un equipo o departamento; advertencia: si usted no tiene la capacidad de influir hacia arriba o carece de un patrocinio ejecutivo efectivo, no está preparado para el éxito.

Cualquier líder de gobierno de datos, independientemente de cómo se le llame, debe en primer lugar ser un excelente comunicador. Sinceramente, preferiría un excelente comunicador cualquier día en lugar de un analista brillante. El problema con los analistas (no todos, generalizo con fines demostrativos) es que suelen ser demasiado detallistas y a menudo tienen demasiado en juego. Tienen sus propios sentimientos sobre los datos, las definiciones y cómo se deben usar las cosas. Ese es uno de los mayores problemas para obtener tracción en programas de análisis porque los analistas tienen demasiado en juego para estar en lo correcto.

Su líder de gobierno de datos debe entender absolutamente los datos y probablemente tener experiencia en análisis o modelado de datos. Esto les dará un buen marco para poder hablar con los recursos técnicos. Pero idealmente, también tienen tanta o más experiencia en negocios - y para tener éxito real, deben poder hablar el lenguaje del negocio. En el mundo del *analytics*, estamos hablando del mítico unicornio de datos. Cuando su búsqueda es infructuosa, encuentre un caballo en el que confíe, consiga una de esas diademas de unicornio y capacítelo para que sea el unicornio que usted necesita.

Dependiendo del tamaño de su organización y/o su disposición para financiar el gobierno de datos, puede necesitar más de una persona para liderar el esfuerzo de gobernanza. Hay un par de formas diferentes de dividir el trabajo, ya sea por función (es decir, finanzas, operaciones, etc.) o simplemente basado en la entrada de proyectos. Todos deberían reportar a una persona común, idealmente el jefe de su función de *analytics*.

Hasta este punto, todos estos roles están en el lado del negocio, o al menos *deberían*. Ahora necesitamos considerar el esfuerzo de la parte de calidad de datos. No hay calidad de datos sin gobierno y no hay gobierno sin calidad de datos, dos caras de la misma moneda. Las operaciones de calidad de datos deben estar compuestas por profesionales de aseguramiento de calidad que tengan experiencia en datos, específicamente en perfilado de datos. Hay muchos profesionales de aseguramiento de calidad que se especializan en software, pero eso no es de lo que estamos hablando aquí. Necesitas personas que tengan experiencia en el análisis de datos para detectar inconsistencias y otras anomalías, actividades de limpieza de datos que permitan al equipo señalar y registrar problemas para revisar y modificar procesos. Nuevamente, dependiendo del tamaño de su organización y su disposición para financiar este esfuerzo, podría tener desde dos hasta diez personas trabajando solo en sus operaciones de calidad de datos. En un capítulo posterior, profundizaremos en estos roles y discutiremos cómo garantizan la "buena" calidad de datos, así como la transparencia de esta función.

Liderar esta nueva forma de pensar sobre el gobierno de datos no será fácil. Está abriendo nuevos caminos, ayudando a su organización a crear nuevas formas de pensar sobre cómo usar los datos. Su desafío estará acompañado de desconfianza, incomodidad y una gran cantidad de ambigüedad. Mucha gente se resistirá. Encontrará personas haciendo sus propias cosas. Más a menudo de lo que le gustaría, usted y su equipo querrán volver a lo que les resulta cómodo, a lo que ya conocen.

Cuando se encuentre en este punto, y no esté seguro de qué hacer a continuación, quiero que se detenga por un minuto y resista el impulso de "hacer algo". Enfoque sus esfuerzos en el tipo de cambio correcto; no diluya el trabajo en cambios innecesarios. Dese un respiro y reconozca la importancia del trabajo que está haciendo. Dese un poco de crédito porque liderar a través del cambio disruptivo es extremadamente difícil. Si realmente siente que algo necesita cambiar, comience a preguntar. Pregunte a sus *stakeholders* de negocio, al equipo de operaciones de calidad de datos y a otros líderes de gobierno de datos. Luego, tenga una conversación con su patrocinador ejecutivo. No caiga en la trampa de que, si un cambio es disruptivo, es beneficioso; a veces el cambio es simplemente disruptivo y una distracción para su equipo.

Actualice sus descripciones de puesto

Hay muchas descripciones de puesto disponibles en Internet para roles de gobierno de datos. Muchas de ellas utilizan mucho la palabra "control". Dado que estamos redefiniendo el gobierno de datos como diplomacia, tendremos que reescribir todas las descripciones de trabajo. A continuación, se encuentra la que he creado para el nuevo rol de "Embajador de Datos". Siéntase libre de usarla o editarla para sus propósitos. También le animo a revisar cualquier descripción de trabajo que involucre datos o gobierno para asegurarse de que el enfoque esté en el uso de los datos, o en términos de diplomacia para "proteger y promover".

Embajador de Datos – descripción de puesto
El Embajador de Datos actuará como un enlace entre todos los *stakeholders* del negocio, los usuarios finales y los recursos técnicos para proteger y promover los activos de datos. Este papel altamente influyente interactuará con

todos los niveles de la organización, guiará el desarrollo de los activos de datos y garantizará el uso de los activos de datos para fomentar una propuesta de valor positiva.

Responsabilidades
- Proteger y promover todos los activos de datos
- Servir como el principal punto de contacto entre equipos multidisciplinarios
- Brindar apoyo al equipo(s) de datos en el desarrollo de nuevos activos de datos y en la mejora de los activos de datos existentes
- Documentar políticas y procedimientos apropiados de uso de datos en colaboración con los responsables de privacidad y seguridad de la organización
- Actuar como un experto en la materia para el equipo de calidad de datos
- Apoyar a todos los usuarios mientras aprenden sobre los datos
- Documentar y mantener una evaluación de riesgos con el embajador de datos ejecutivo

Requisitos necesarios
- Al menos cinco años de experiencia en un rol específico de datos
- Experiencia con equipos de calidad de datos
- Capacidad para leer modelos de datos e interactuar con arquitectos de datos
- Excelente comunicación oral y escrita
- Pasión por ayudar a la organización a utilizar los datos
- Experiencia con métodos ágiles
- No se aceptan unicornios

Alineación organizacional

Un pequeño paréntesis, un punto de discusión relevante es dónde deben reportar estas funciones en la organización. Siempre he creído, y sigo creyendo, que se necesita un líder de negocio que sea directamente responsable del programa de datos. Desafortunadamente, existe confusión porque hay mucho en un programa de datos que parece muy técnico. No me malinterpreten, habrá algunas personas en su equipo que tengan habilidades técnicas desarrolladas, como administradores de bases de datos e ingenieros de ETL. Pero esos roles no existirían sin la necesidad de usar datos en el negocio. La división entre TI y negocio siempre ha sido un síntoma de una organización que intenta organizar correctamente las funciones. Una organización que realmente desea tener un programa de datos que entregue valor empleará un recurso a nivel ejecutivo para liderar los programas de datos y ese individuo reportará al nivel más alto de la organización. En otras palabras, tendrán un "*Chief Analytics Officer*" o un "*Chief Data Officer*" y ese rol reportará al *CEO* o al *COO*. En lugar de reportar al *CIO* o al *CFO*, serían sus pares. Este es un cambio muy importante en cómo la organización usa los datos. Si pensamos en los datos como un activo corporativo, como la tecnología o las operaciones financieras, entonces deberíamos abordarlo así. Si está dispuesto y es capaz, recomiendo encarecidamente avanzar con un líder ejecutivo compartido que tenga la capacidad de fusionar estas funciones históricamente diferentes.

Una alternativa menos atractiva, pero más frecuente, es una organización dispar, que es una matriz de negocios y tecnología. En este caso, el equipo de operaciones de calidad de datos probablemente se mantendrá en tecnología y los líderes de gobierno de datos informarán al negocio. No es lo ideal, ya que requiere un enorme esfuerzo solo para mantenerse alineados, pero algunos lo encuentran un cambio organizacional más aceptable. En el momento en que estos dos grupos estén desincronizados, el esfuerzo se disipará y perderá foco. Prepárese para gastar tiempo y energía para mantener a todos los líderes en sincronía, lo que puede distraerlo del trabajo real.

Resumiendo

El rol del patrocinador ejecutivo tiene que cambiar de un rol pasivo de "sólo me involucro cuando las cosas van mal" a un rol activo, definiendo la función y manteniéndose en sintonía con el esfuerzo. En organizaciones pequeñas que recién comienzan este trabajo, se pueden conformar con dos recursos: un líder de gobierno de datos y un recurso de calidad de datos. Independientemente del tamaño de la organización, necesitará ambas caras de esa moneda. De todas las recomendaciones en este capítulo, la que quiero que tenga en cuenta es esta: *no hay gobernanza sin calidad y no hay calidad sin gobernanza.*

CAPÍTULO 2

Procesos

Tuve la suerte de aprender los fundamentos de *Agile* del venerable David Hussman. David era una institución en la comunidad ágil en Minneapolis. También trabajó incansablemente en todo el mundo para ayudar a organizaciones e individuos a comprender mejor lo que el marco ágil podría hacer por ellos. Podía exponer los conceptos ágiles con un estilo narrativo único que me dejaba tanto exaltada como exhausta al mismo tiempo. Sus ideas eran tan prolíficas que a menudo me encontraba deseando un botón de pausa en la vida real para procesarlas como era debido. David dejó una huella indeleble en mí. Es difícil condensar lo que aprendí de David en pocas palabras, pero lo que más resonó en mí fue la idea de que *no hay valor inherente en el proceso*. No obtienes puntos por marcar una casilla o saltar a través de aros en llamas. El trabajo y lo que usted construya son lo que importa. ¿Por qué gastamos tanto tiempo creando un proceso alrededor del trabajo?

Demasiadas organizaciones gastan demasiado tiempo creando procesos difíciles de seguir, a menudo con su software correspondiente, para demostrar que están trabajando. Estos procesos complicados no son más que un método para que la gerencia y los interesados "verifiquen" a las personas que están haciendo el trabajo. Gran parte de lo que se hace, particularmente en el espacio de TI, lleva tiempo y se siente abstracto para personas fuera de TI. Para crear un sentido de control y transparencia, identificamos todos estos pasos y procesos para que podamos recopilar datos y demostrar que estamos haciendo el trabajo. Esto ayuda a llenar la brecha entre el momento en que comenzamos y el momento en que podemos entregar, porque a veces el trabajo no se entregará durante meses. Desafortunadamente, en muchas organizaciones, hay una falta de confianza entre TI y el negocio. Esto a menudo se debe a una historia de lentitud percibida o de no entregar lo que TI dijo que entregaría. TI pasa una cantidad enorme de tiempo en métodos tradicionales de cascada demostrando que están haciendo el trabajo en lugar de hacer el trabajo.

Mi perspectiva sobre los procesos ha cambiado mucho a lo largo de los años. Hace quince años, a menudo se me escuchaba decir: "Sigue el proceso porque el proceso te hace seguro", pero el objetivo no debería ser solo estar seguro, sino entregar el trabajo. Obviamente, si su líder u organización requiere que se completen estos pasos del proceso para que puedan ver que está trabajando, hay una falta de confianza. Como contribuyente individual, no puede solucionarlo por la organización. Pero si está liderando un equipo de datos, quizás ahora sea el momento de pensar en la transición a un marco de trabajo ágil.

Esta capítulo no le enseñará cómo "hacer *agile*" o "ser *agile*", para eso tendrá que buscar en otros lugares (consulte la lista de publicaciones en el apéndice). Lo que hará es presentar algunos conceptos ágiles que puede considerar en sus esfuerzos de gobierno de datos.

Los desafíos con el gobierno de datos son complejos. En primer lugar, es un problema de definición. Abarcamos todo desde las definiciones y el uso hasta la protección y la seguridad de los datos. Nos aferramos a métodos convencionales de gobierno de datos con documentación, como políticas y procedimientos. Mantenemos comités en la cima, sepultamos a las personas que hacen el trabajo en un departamento y distribuimos los derechos de toma de decisiones entre las personas que saben (es decir, los *stewards*) y las personas que tienen la responsabilidad de liderazgo (es decir, los ejecutivos). La mayoría de las personas se dan cuenta de que estos métodos no suelen funcionar; sin embargo, como es un marco con el que estamos familiarizados, nos aferramos a él. Sin embargo, que usted se sienta cómodo no siempre es bueno.

Otro desafío significativo (y quizás el más impactante) en el gobierno de datos en una plataforma moderna de datos es la volatilidad de los propios datos. Los datos están llegando a sus sistemas a una alta velocidad y están en constante cambio. Entonces, si el propósito de la gobernanza es crear un sistema de bloqueo y presa para controlar lo incontrolable, ¿cómo se hace eso cuando la volatilidad está en todas partes? En otras palabras, un día está en medio de una sequía y al día siguiente en una inundación sin precedentes.

Es hora de que usemos métodos modernos para abordar nuestro problema moderno. Adoptando métodos ágiles y aprovechando los marcos de trabajo de *DataOps* y *DevOps*, podemos comenzar a solucionar los desafíos que enfrentamos en nuestros programas de gobierno de datos obsoletos. Las capacidades de *DataOps* están ganando impulso por una buena razón, y creo que este marco de referencia es un buen punto de partida para un enfoque moderno del gobierno de datos.

> *DataOps* es una amalgama de métodos ágiles, lean y *DevOps* específicamente diseñados para apoyar los esfuerzos de datos y *analytics*. En el "Manifiesto de *DataOps*", se comparten los siguientes valores:
>
> - Individuos e interacciones sobre procesos y herramientas.
> - *Analytics* que funciona sobre documentación exhaustiva.
> - Colaboración con el cliente sobre la negociación de contratos.
> - Experimentación, iteración y retroalimentación sobre un diseño extenso de antemano.
> - Propiedad multifuncional de las operaciones sobre responsabilidades aisladas.[1]

Llamaré a este nuevo método Operaciones de Gobierno de Datos (*DGOps*); valora el uso de los datos sobre la protección de un activo. Valora la capacidad de los equipos para autoformarse y abordar problemas en los datos, ve a todas las personas en toda la organización como *stewards* en diferentes momentos y para diferentes propósitos. Fomenta preguntas sobre los datos y su calidad porque esto solo aumenta el conocimiento y el valor de los propios datos. En el capítulo seis, profundizaremos un poco más en el concepto de *DGOps*.

Cosas que debemos dejar de hacer

Si algo hemos aprendido durante la última década o dos trabajando en gobierno de datos, es que la semántica, o cómo llamamos a las cosas, es importante. Antes de profundizar en el "cómo" usar conceptos ágiles para el

---

[1] https://dataopsmanifesto.org/es/

gobierno de datos, quiero actualizar el lenguaje que a menudo se utiliza en la gobernanza.

Es hora de eliminar la palabra "control". Implica algo que no es alcanzable en una plataforma de datos moderna. Además, en lugar de crear una definición "estándar" para nuestras métricas, debemos esforzarnos por crear una *working definition (WD)*, que permita que se produzcan cambios, porque los cambios inevitablemente ocurrirán. Nuestro objetivo debe ser aumentar la resiliencia y la capacidad de responder a las supuestas anomalías que ocurren en los datos. Si delimitamos nuestros esfuerzos de gobernanza en la creación de estándares, entonces estamos empezando con el pie equivocado.

Mientras pensaba en este trabajo, me puse en contacto con el coach ágil Kevin Burns. Kevin es un prolífico coach de desarrollo de productos lean y ágil en Minneapolis. Tiene una pasión por ayudar a los equipos a convertir sus ideas de productos en implementaciones. Mientras él y yo discutíamos estos conceptos en el contexto del gobierno de datos, Kevin propuso: "En lugar de un marco de mando y control, esfuérzate por la adaptabilidad y la capacidad de recuperación utilizando la visibilidad, el reconocimiento de patrones, la identificación de problemas, los criterios de decisión, los métodos de resolución de problemas y la implementación (liberación) utilizando métodos ágiles".

La mejor que podemos hacer es buscar mejorar, y eso es lo que los métodos ágiles aportan.

Cosas que debemos empezar a hacer

Sigo siendo partidaria de definir las métricas organizacionales clave. Usted debería hacerlo de manera proactiva. Solo no se pierda en detalles y no tenga demasiadas métricas para empezar. Cree una lista de métricas clave que la organización considere valiosas y que apoyen las decisiones que la organización necesita tomar. Los ejecutivos deberían generar esta lista. El objetivo de las métricas clave es crear una *WD* en la que la gente pueda estar de acuerdo. La intención no es obligar a todos a usar esta definición única, sino alcanzar un nivel de acuerdo que anime a las diferentes partes de la organización a utilizar estas *WD* al hablar entre sí. Aborde la parte de la gobernanza que a menudo se destaca, pero rara vez funciona bien; asegúrese de que los ejecutivos estén viendo la misma información bien definida.

Hay algunas cosas en el gobierno de datos que aún son importantes y funcionan bien. Uno de los principios clave para un buen gobierno de datos es la visibilidad y comunicación. Busque personas afines en su organización que ya estén utilizando o quieran utilizar las métricas que están en su lista corta. A esto lo llamo su comunidad analítica. Todas las organizaciones las tienen, pero pocas las utilizan adecuadamente.

Arme un equipo de analistas interfuncionales para discutir cómo diferentes grupos utilizan las métricas predefinidas de la organización, pero tenga cuidado con la *parálisis por análisis*. Es muy fácil analizar y volver a analizar y encontrarse en un agujero de conejo o en otro tema por completo. Los analistas, en particular, quieren asegurarse de haber considerado y evaluado cada posible uso de la métrica y cada matiz de los datos. Recientemente, estaba hablando con una ex *CIO* de un hospital que dijo que les llevó dieciocho meses definir y medir de manera única el "peso del paciente". Le pregunté: "¿Qué estaban usando las personas mientras el equipo de gobierno trabajaba en la definición?" Continuaron usando las definiciones "antiguas" o alguna que probablemente era lo *suficientemente buena*.

Es muy probable que este equipo de analistas interfuncionales se reúna y luego se desvíe. Es por eso por lo que es fundamental que identifique su definición de hecho, criterios de éxito y/o criterios de suficientemente bueno para ahora antes de comenzar. Estos son conceptos arraigados en los métodos ágiles y son los que aportarán el mayor valor a nuestro nuevo enfoque de gobierno de datos. Debemos reconocer que estamos en un estado continuo de aprendizaje, adaptación, ajuste y evolución. Esto ayuda a evitar la parálisis por análisis y ayuda a llegar a un producto mínimo viable (*MVP - Minimum Viable Product*). En nuestro nuevo lenguaje de *DGOps*, esa es nuestra *WD* "suficientemente buena". Esta *WD* debe basarse en nuestra comprensión actual. Si acordamos que no hay un valor inherente en el proceso y que es probable que mientras estamos analizando datos para obtener la definición perfecta, los usuarios finales están utilizando definiciones lo suficientemente buenas de todos modos, la decisión de adoptar estos principios ágiles debería ser obvia.

Otra forma de asegurar que el equipo no se salga de control, especialmente cuando se inicia esta nueva forma de pensamiento, es considerar un límite de tiempo o "*time-box*" para la discusión. Si sigue el enfoque ágil estándar, tendrá "*sprints*" o ciclos cortos de esfuerzo de trabajo. Dentro de un *sprint*, identifique un límite de tiempo en el que esté dispuesto a analizar la métrica. Puede usar algunos "*time-boxes*" primero para realizar el perfilado de datos y luego probar un par de definiciones, pero luego debería estar preparado para proponer una *WD*. Dirija la discusión utilizando las preguntas que necesita responder para tomar decisiones para avanzar (es decir, qué áreas de negocios necesitan usar la métrica para la toma de decisiones). Luego debe haber algún análisis relacionado con las preguntas que no puede responder en la discusión (un poco de minería de datos para ver si hay cosas obvias que se hayan pasado por alto). Esto probablemente implicará trabajo de perfilado de datos que será realizado por los miembros del equipo de Control de Calidad (*QC - Quality Control*) . La importancia del trabajo de análisis es doble; en primer lugar, asegurarse de que los datos respalden cómo se utilizarán (¡triste decir que a veces no lo hacen!), y, en segundo lugar, comprender cómo implementar cambios una vez que el equipo esté listo para publicar la *working definition*.

Su equipo de *QC* debería crear un tablero de calidad de datos con al menos las métricas clave, para que, en cualquier momento, cualquier persona pueda ver el estado de la calidad de datos. Ese nivel de visibilidad fomenta la confianza.

Los pasos

1. Trabaje con su patrocinador ejecutivo para identificar una lista de métricas que la organización utilizará (idealmente, menos de quince).
2. Un grupo de ejecutivos debería clasificar esas métricas por orden de importancia.

3. Encuentre su comunidad analítica.
4. Reúna a un equipo multifuncional de analistas y recursos de calidad de datos para discutir la métrica seleccionada.
5. Use términos de negocios para definir la métrica.
6. Use términos matemáticos para definir el algoritmo que respalda la métrica.
7. Ejecute métodos estándar de perfilado de datos en todos los datos que componen la métrica.
8. Revise los datos con el equipo multifuncional en busca de errores, matices e *insights*.
9. Modifique la definición o el algoritmo en función de lo que aprendió con los datos (¡un paso importante!).
10. Publique su *working definition*.
11. Reúna comentarios, edite y repita.

Estos pasos pueden incluirse en su *backlog* del producto, una lista del trabajo que está realizando para crear un producto. En este caso, el producto es un conjunto de *working definitions* predefinidas para las métricas organizacionales comúnmente utilizadas para la toma de decisiones.

Las *working definitions* y la idea de "suficientemente bueno" son en realidad difíciles de poner en práctica. Recientemente, en una conversación con un cliente, me preguntaron: "¿Y los cambios? Si nos enfocamos en lo suficientemente bueno y nos damos cuenta de que no lo era, ¿cómo hacemos el cambio?" Es una buena pregunta, pero incluso la pregunta sugiere una mentalidad de cascada. La pregunta asume que no hay valor en el proceso. Si volvemos al ejemplo anterior sobre el hospital que define el peso en dieciocho meses y aplicamos el método *DGOps* a ello, el escenario podría ser algo así:

El peso de un paciente en un hospital pediátrico es un tema importante. A menudo es difícil de rastrear de manera confiable y es fundamental para la seguridad del paciente. La mayoría de los hospitales pediátricos tienen muchas formas de definir el peso, tanto categóricamente (es decir, gramos versus libras) como por proceso (los bebés se pesan acostados, los niños mayores en una balanza tradicional). Las comparaciones son difíciles y por todas estas razones, es importante gobernar y tener consistencia. Ahora que hemos establecido el peso como una métrica clave, ¿qué sigue dentro de nuestro método *DGOps*? Revisamos todos los datos típicamente asociados con el peso y de dónde provienen y a dónde van, incluyendo todos los pasos intermedios. Durante este tiempo, nos comunicamos con frecuencia con tantos *stakeholders* como sea posible (es decir, nuestros equipos autogestionados). Si nos reunimos, es para revisar los datos, no teorías sobre los datos (es decir, las definiciones de todos). Durante esta fase aprendemos unos de otros sobre la métrica (el peso en este caso), pero es probable que aún estemos usando la "vieja" forma de definirla hasta que podamos encontrar una mejor manera.

La diferencia entre el enfoque *DGOps* y el método anterior es que fomentamos que las personas continúen utilizando los datos. Revisamos los datos tal como existen en nuestros sistemas y tomamos el tiempo para aprender sobre los datos y cómo la gente los usa TAL-COMO-ESTÁN. Todos son *stewards* en *DGOps* porque en algún momento u otro, todos usan los datos por diferentes motivos. Esto crea una oportunidad para cambios de proceso donde son más impactantes (por ejemplo, si una unidad desarrolla una mejor manera de tomar una medida, otras unidades podrían adoptarla). También alivia la presión de que todos acuerden una definición estándar para todos los casos, porque no hay valor en eso.

Después de que todas las versiones de los datos han sido revisadas y los procesos defectuosos han sido corregidos, el equipo ha aprendido y compartido mucho sobre los datos, todo ello mientras los usaba. Solo entonces podemos ponernos de acuerdo en una definición que la organización pueda utilizar para comparar. Esa definición superaría todas nuestras pruebas (tanto las pruebas de validación como las codificadas) y no violaría la forma en que se generan los datos (definiendo y utilizando los datos tal como existen). Al igual que en cualquier método ágil u *Ops*, las pruebas y la visibilidad son clave para la aceptación de los datos.

Si comete un error, asumimos la responsabilidad de corregirlo

Porque sólo estaremos creando una *WD* para un conjunto limitado de métricas, es probable que sus usuarios descubran problemas de datos en algunas situaciones. ¡Pero no se preocupe, esto es bueno! Significa que están utilizando los datos y le da la oportunidad de investigar cualquier problema de datos y determinar cuál es realmente el problema.

Para las incidencias imprevistas, también querrá aprovechar su *backlog*. No todas las incidencias son iguales ni tienen la misma importancia, y no será factible abordar todo. Necesitará crear un mecanismo para la respuesta y la capacidad de priorizar estos problemas en su organización. Esto generalmente implica una revisión rápida para determinar el impacto y la gravedad de la incidencia.

Por ejemplo, si se encuentra una incidencia en una de sus *WDs*, probablemente tendrá más prioridad que un problema de métricas poco común que solo afecta a una persona en un departamento. Es importante evitar el fenómeno del bombero (correr de incendio en incendio para apagarlos lo más rápido posible) al estructurar su capacidad de corrección de incidencias. Depende en gran medida de su *product owner* para ayudar a clasificar la urgencia e importancia de las solicitudes.

DataOps

Hace algunos años, en mi camino hacia la metodología ágil, recurrí a Google, como la mayoría de las personas hacen en estos días. Buscaba información sobre el uso de conceptos ágiles o ejemplos de métodos ágiles para programas de datos. Me encontré con el Manifiesto de *DataOps* (www.dataopsmanifesto.org). Recuerdo haberlo leído y guardado en el fondo de mi cabeza. Luego, cuando comencé a investigar para este libro, volví a visitar el Manifiesto y tuve la oportunidad de hablar con uno de los coautores, Christopher Bergh, *CEO* y Chef Principal de DataKitchen. Hablé con mucha gente sobre este libro, pero la conversación con Chris pareció durar diez minutos, aunque duró una hora completa. Estábamos completamente de acuerdo sobre el valor de *DataOps* para programas de datos.

En el manifiesto hay dieciocho principios; debería leerlos todos. He seleccionado algunos porque este capítulo no trata sobre el manifiesto, sino sobre cómo tomar los conceptos y utilizarlos para actualizar un proceso de gobernanza.

El punto principal del manifiesto para nuestros propósitos es este: *analytics* es un deporte de equipo. Debemos centrarnos en proporcionar los datos o los resultados del análisis a los usuarios, algo que también debería abordar el gobierno de datos. La visibilidad del proceso (incluyendo la prueba y el código) es fundamental para el éxito, ya que ayuda a generar confianza. Como se describió en el primer párrafo, la mayoría de las organizaciones en realidad valoran el proceso en sí mismo. Se enfocan en los pasos del proceso y los marcan como si hubieran logrado algo. Lo utilizan para fingir que están proporcionando visibilidad sobre el trabajo que hacen. No mostrarán el trabajo, pero sí mostrarán que pasaron diez horas en el paso quince del plan del proyecto. La transición a *agile* y *DGOps* requiere un grado de visibilidad y transparencia que hace que las personas que han estado utilizando los métodos antiguos durante mucho tiempo se sientan muy incómodas. En particular, en *analytics*, hemos llegado a creer que la calidad de los datos es NUESTRO trabajo, y solo nuestro.

Muchos de nosotros no creemos que otras personas en la organización tengan la capacidad de entender lo que estamos haciendo o cómo lo estamos haciendo. Pero eso no importa. La comprensión no siempre es el objetivo. Si no puede proporcionar transparencia al proceso, cualquier cosa que diga sobre un retraso se convierte en un problema de confianza. Como dijo Chris en nuestras conversaciones "La esperanza y la confianza son sentimientos importantes para tener, pero no pertenecen a *analytics*". Nuestros usuarios no deberían "esperar" un gran trabajo y no deberíamos obligarlos a "confiar" en nosotros sin la disposición de respaldarlo. No hay duda de que la transición a *DGOps* y métodos ágiles será disruptiva para su organización y su personal. Ya lo ha hecho de la otra manera y no ha funcionado. ¿Qué hay de malo en probar una nueva forma? Incluso si *DGOps* no funciona para su organización, probablemente seguirá aprendiendo mucho. Siga haciendo mejoras, porque eso es todo lo que podemos pedir para la mejora continua.

Podría valer la pena que usted considere dar un paso aún más audaz, uno que requiera que mezcle los cambios en las personas y los roles, con los cambios en el proceso. La mayoría de los expertos en metodología ágil le dirán que el cambio en los roles es tan importante como los cambios en el proceso. Los equipos autogestionados y los *product owners* son las cosas que impulsan la mayoría de los esfuerzos ágiles al siguiente nivel de velocidad. He visto esto de primera mano; a través de una experiencia humillante que tuve al manejar mi primer equipo ágil.

Una de las cosas que realmente me gustaba de la metodología ágil, al menos en cómo la estábamos aplicando en este proyecto en particular, era la exposición a los datos. Tenía datos que mostraban cuánto tiempo alguien suponía que tomaría algo en comparación con el tiempo que realmente tomó. Cada dos semanas me sentaba felizmente con mi hoja de cálculo de Excel y calculaba la precisión de los individuos y hacía (lo que yo pensaba que eran) ajustes útiles al trabajo para asegurarnos de mejorar nuestra precisión en las estimaciones. Pensaba que cuanto mejor fuera nuestra precisión, mejores serían las proyecciones del modelo. Cuanto mejores fueran las proyecciones, más fácil era compartirlas con los ejecutivos. Después de un tiempo, noté que nuestra tasa de finalización o cierre comenzó a disminuir a un ritmo mucho más alto de lo que podía explicar racionalmente. Nuestra fecha de entrega seguía posponiéndose y yo estaba nerviosa. Convocaba a una reunión y jugábamos con el modelo para ver qué nos faltaba. El equipo se sentaba allí en silencio y me escuchaba pontificar sobre la importancia de la velocidad. Algunos valientes levantaban la mano y me explicaban por qué algo les había llevado más tiempo, y yo siempre tenía una respuesta de gestión (inútil).

Después de un tiempo, entré en pánico total, así que llamé a David (el as bajo la manga). En este punto, David había sido diagnosticado con cáncer y estaba recibiendo tratamiento activo. Solo esperaba un intercambio de correos electrónicos, pero él ofreció venir. Hay mucho que puedo decir sobre ese día: la energía en la habitación, las discusiones que tuvimos y el hecho de que David estaba cansado y débil, pero tan perspicaz como siempre. Pero lo que aprendí ese día cambió todo para mí. Aprendí que yo era el problema. Estaba tan ocupada siendo útil que estaba confundiendo a la gente. El problema con nuestra velocidad no era el equipo ni su capacidad para determinar con precisión el esfuerzo de trabajo... ¡era yo! Estaba siempre encima de ellos, estorbando su flujo. Hablando de un ejercicio de humildad. Siempre me había enorgullecido de ser la persona que ayudaba a los miembros de mi equipo a convertirse en las mejores versiones de sí mismos. Pero ese día me di cuenta de que los estaba forzando a ser la mejor versión de lo que *yo pensaba que deberían ser*, frenando el proyecto en el proceso.

Respiré hondo y me alejé un poco. Trabajaba con gente buena e inteligente, y necesitaba dejar que hicieran un trabajo inteligente. Inmediatamente comenzaron a autoorganizarse, crear el *backlog* y resolver sus propios problemas. Siempre estaba ahí cuando se quedaban atascados, y todavía priorizaba el *backlog*, pero era diferente. Ellos lo sintieron y yo también. ¿Y sabes qué pasó? Nuestra velocidad se triplicó.

Priorización y product owners

Aquí está el punto, tener muchos analistas haciendo muchas cosas para muchas personas diferentes en su organización: produce un conflicto natural de priorización. Cada organización tiene limitaciones en lo que puede hacer; ya sea con la cantidad de personas que puede contratar o con la cantidad de dinero que puede invertir en un activo de datos. Eventualmente, se encontrará en una situación en la que los analistas (o embajadores) tienen proyectos competitivos. Todos pueden tener grandes resultados, pero no se pueden terminar al mismo tiempo.

Por lo general, este es el momento en el que recomendaría crear un comité de personas que pueda revisar todas las solicitudes y priorizarlas en función del valor que proporcionan y/o el esfuerzo que requieren. Todavía hago esa recomendación a muchas organizaciones, pero si está listo para adoptar una forma verdaderamente ágil de pensar sobre la creación de entregables incrementales, estos son clave. La idea de retener las cosas hasta que un comité pueda reunirse y revisarlas va en contra de muchos de los atributos clave de ágil y el Manifiesto de *DataOps* y nuestro recién acuñado *DGOps*. ¿Qué debe hacer un *product owner*?

En primer lugar, asegure que realmente tiene un conflicto. A veces las cosas parecen difíciles, laboriosas o contradictorias en la superficie, pero resultan no ser ninguna de esas cosas al profundizar. En su lugar, son las personas involucradas las que introducen artificialmente barreras, por diferentes motivos. Aquí hay un ejemplo: tiene una solicitud pequeña de la empresa que se está posponiendo 3-4 *sprints* a partir de ahora. La empresa no entiende por qué tarda tanto, y francamente, usted tampoco lo entiende. Se da cuenta de que el problema no es el trabajo en sí, es que solo hay un analista con la habilidad necesaria para completarla y está saturado. Tiene un problema de cuello de botella, no un problema complejo que requiere que un equipo encuentre soluciones y debata. Haga lo que tenga que hacer para resolver el problema a corto plazo y tome nota de que necesita hacer capacitación cruzada en el futuro.

La metodología ágil está diseñada para que el trabajo pueda cambiar recursos según sea necesario, pero a veces en el ámbito de los datos, especialmente en organizaciones más pequeñas, no se tiene la capacidad de tener ese nivel de redundancia. Incluso si ha sido inteligente en la contratación y sabe muy bien que alguien tiene esas habilidades, hay un costo en cuanto al cambio de contexto (ver recuadro a continuación) que debe tener en cuenta. Lo primero que debe considerar es esto: valore el progreso por encima de las revisiones del comité y los retrasos.

Priorice el trabajo que considere valioso y que pueda hacer rápidamente, mueva el trabajo a diferentes recursos cuando sea posible y ayude a sus *stakeholders* a comprender los desafíos que enfrenta. Se pueden hacer cambios tanto en los entregables como en las prioridades cuando todos están de acuerdo en un producto mínimo viable. Esto es más difícil de hacer cuando su organización o equipo está enfocado en métodos tradicionales de cascada.

> "Cuando se enfoca en un tipo particular de tarea, desafío o conjunto de información, y luego cambia a algo completamente diferente, está cambiando de contexto. A veces, las transiciones son grandes y bruscas. Otras veces, ni siquiera se da cuenta de ellas."[2]

Ame sus errores

Probablemente el cambio más grande que propongo para la gobernanza tradicional es la idea de democratizar radicalmente el acceso a los datos. Debe poner disponibles los datos, permitir que la gente los use, encuentre cosas "incorrectas" en ellos e incluso haga preguntas terribles. Debe aprender a amar los errores inherentes a los datos y dejar de intentar prevenirlos después del hecho. Sé que suena completamente loco que un profesional de datos afirme esto, pero es verdad. La gobernanza se ha centrado demasiado en la protección de las personas que usan los datos y no lo suficiente en la promoción. La única forma en que podemos obtener la capacidad completa de los activos de datos que nos preocupa proteger tanto es dejarlos ir un poco y estar allí para recoger los pedazos cuando sucedan

---

[2]https://bit.ly/2zuzgzV.

cosas terribles. Y sucederán. Ajustar su mentalidad hacia el embajador y el primer punto de contacto le permite proteger lo que pueda y prepararse para el resto/lo peor. El uso del modelo *DGOps* ayuda a dar pasos incrementales para mejorar los datos, pero también nos ayuda a enmarcar el uso de los datos en una capacidad de gobierno de datos funcional.

Ame los errores que encuentre en los datos. No los oculte, esto solo hace que su trabajo sea más difícil y permite que las personas o el proceso responsable del error se liberen de la responsabilidad. Como se describe de manera elocuente en el *DataOps Cookbook, analytics* es un deporte de equipo y durante demasiado tiempo hemos permitido que nuestros ejecutivos y usuarios solo tengan una participación marginal. Justificamos su falta de participación diciendo que era demasiado difícil o que era "nuestro trabajo", pero los datos no significan nada sin contexto. La única forma de proporcionar contexto es a través del conocimiento del negocio. La participación en un equipo autogestionado para entregar valor incremental ayuda a todos a entender su papel en un gobierno de datos excepcional.

El cambio hacia una mentalidad ágil o de *DGOps* no es insignificante. En el apéndice de este libro, encontrará una lista seleccionada de lecturas, basada en mis muchas conversaciones excelentes con otros sobre este tema. Tómese el tiempo de leer algunos de esos otros libros; hable con otras personas que hayan hecho el cambio, y ayude a su organización a prepararse para algunos de los cambios, o al menos reconocer que podría haber un valor enorme en hacerlo. Luego, contrate a un entrenador para que le ayude en la transición. No se preocupe por el software o las herramientas de inmediato. Tómese el tiempo de entender el proceso; las herramientas deben venir *después* de entender el valor que necesita de ellas. Dese tiempo mientras ocurre el cambio. Algunas de las lecciones más importantes que aprendí durante mi transición ágil tenían que ver con cómo lideraba al equipo. Liderar y apoyar a su personal durante esta transición se parece mucho a la paternidad. Les da las bases que necesitan para tomar buenas decisiones, y está ahí para ayudarles cuando tropiezan y animarlos a seguir adelante.

Resumiendo

No hay fin para el gobierno de datos. Continuará mucho después de su mandato. Construir un programa resiliente requiere procesos resilientes. En lugar de demostrar que está haciendo el trabajo, simplemente hágalo. Lo único que quiero que recuerde de este capítulo es seguir haciendo progresos incrementales. El gobierno de datos, quizás más que cualquier otra función de datos, es un enemigo implacable. La única forma de domarlo es estar atento, no esperar un gran cambio, simplemente seguir avanzando y enfocándose en construir productos mínimos viables, mostrando valor y mejorando día con día.

CAPÍTULO 3

Tecnología

Estoy llegando al límite. Este libro se debe entregar en unas pocas semanas y, mientras enviaba contenido para que fuera editado, decidí eliminar por completo el capítulo tres. Necesitaba empezar de nuevo con una página completamente en blanco. ¿Por qué? Porque la primera versión de este capítulo era terrible. Me fui por las ramas en los temas, hice recomendaciones veladas y hablé mucho sobre software. Si apenas podía leerlo yo, ¿cómo podría esperar que alguien más lo hiciera?

No soy tecnóloga; de hecho, soy analista por formación. Además, soy una mujer en una industria dominada por hombres (lo cual no debería importar, pero importa). Me censuro a mí misma cuando se trata de tecnología para evitar al abusón que cree saberlo todo. Me refiero a la persona que calificará todo este libro como un fracaso porque no profundicé en alguna tecnología arbitraria, o no expliqué con exceso de detalle el peligro de los productos cartesianos.

Hace algunos años, mi entonces jefe me dijo que no permitiera que nadie me intimidara porque sabía mucho más de lo que aparentaba. Es verdad, después de veinte años trabajando en y alrededor de *data warehouses*, puedo mantener conversaciones técnicas muy avanzadas. Reconozco cuando la gente está tratando intencionalmente de complicar el problema utilizando términos técnicos. Mi vacilación se reflejó en el capítulo. Así que cuando mi primer editor dijo: "Hay algo extraño en el capítulo tres, pero no puedo poner el dedo en qué es exactamente", supe que tenía que hacer algunos cambios importantes.

El Gobierno de Datos no se trata de tecnología

Si bien este capítulo está dedicado a la idea de que la tecnología puede resolver los problemas asociados con el gobierno de datos, hay algo que debo aclarar primero. Arreglar el gobierno de datos no se trata realmente de tecnología. Ninguna tecnología en el mundo puede salvar a su programa de gobierno de datos de sí mismo. No importa si la tecnología es un *bot* de *AI* que no dormirá hasta que encuentre cada pieza de datos errante. La tecnología no puede solucionar procesos rotos, falta de personal, falta de conocimiento de las personas o funciones mal definidas. La tecnología es tan buena como el implementador, el usuario y el propósito. Si no tiene un propósito claro, usuarios desalineados o implementadores que dicen sí (o no) a cada personalización, entonces lo único que tendrá es otro desastre en sus manos.

Lo que la tecnología puede hacer es resolver problemas bien definidos. Pero debe saber exactamente cuáles son esos problemas y *por qué* son realmente problemas. En este capítulo, examinaremos las opciones que tenemos hoy en día con la tecnología y el gobierno de datos. Las opciones son amplias e impresionantes. Hay avances impresionantes en capacidades que incluyen el *machine learning* (*ML*) y la inteligencia artificial (*AI*) . Hay herramientas realmente impresionantes que finalmente dan a nuestros usuarios finales una vista de los conjuntos de datos dispares y su calidad. Exploraremos estas opciones y estableceremos un camino claro hacia qué problemas pueden resolver de manera tangible en su camino hacia un gobierno de datos moderno.

Hay demasiados datos como para no usar software para mejorarlos. Incluso algunas de las herramientas más avanzadas que existen no hacen un gran trabajo al mejorar la calidad de los datos, porque están esperando a que un ser humano les diga qué hacer. El problema es que los humanos a menudo se equivocan o involucran su versión de la realidad sobre los datos, ya sea que se den cuenta o no. Lo mejor que podemos hacer es dejar que los datos nos digan cómo deberían ser, y luego los revisamos para determinar si eso se ajusta a nuestras expectativas. Si las expectativas no están alineadas, el trabajo es revisar nuestras expectativas y procesos para ver cómo llegaron los datos allí. Al final del día, es realmente así de simple. Los datos no son buenos ni malos, solo son datos.

Un repaso

El gobierno de datos ha sido típicamente acerca de proporcionar contexto asociado con los datos. En resumen, uno de los principales trabajos del gobierno de datos era crear una definición estándar de los datos. Por supuesto, había otras cosas como la protección de los datos y la calidad de los datos, pero el contexto era realmente el núcleo del gobierno de datos. Durante mucho tiempo, tratamos de crear una definición única de algo, como el paciente. Pero a medida que pasaba el tiempo, algo curioso sucedió. Los profesionales de datos se dieron cuenta de que no es posible definir todo en su *data warehouse*. Incluso si pudiera, alguien siempre estaría en desacuerdo con usted. Históricamente, el contexto impulsaba la definición, la definición impulsaba la calidad y la calidad era la cosa que se podía "implementar" en el *data warehouse*, pero ese proceso fallaba muy a menudo. Los datos eran demasiado sucios y los procesos de calidad de datos apenas podían seguirles el ritmo. Para compensar, los ingenieros de datos introdujeron muchos códigos de transformación para manipular los datos y hacerlos coincidir con las definiciones, pero el problema es que eso no es escalable. Los proyectos están bajo presión para hacer el trabajo rápido y a tiempo. A menudo, como resultado, las pruebas de *QA* y *UAT* se reducen a solo unos pocos días. Sacrificamos el tiempo necesario para hacer el trabajo a fondo.

El verano después de graduarme del *high school* trabajé en una fábrica de plásticos. He tenido casi todos los trabajos que pueda imaginar, pero déjeme decirle: no ha vivido hasta que ha pasado un verano caluroso en una fábrica aún más caliente.

Lo que aprendí durante mi tiempo allí fue breve pero importante:

1. Era un trabajo duro y no me gustaba, así que era mejor ir bien en la universidad.
2. Un pallet de *pellets* de plástico puede convertirse en muchas cosas.

Las analogías abundan relacionadas con datos. Pero una fábrica es bastante relevante cuando se trata del gobierno de datos. Toma materiales crudos y los conviertes en algo menos crudo. Si fuera dueño de una fábrica y tuviera un pallet de *pellets* de plástico blanco, miraría eso y diría: "¿Solo haremos portapapeles con este material crudo?" No, miraría esa gran caja de *pellets* blancos como material crudo que podría transformarse en cualquier cosa. Necesitamos dejar que los datos nos ayuden a ver lo que podrían ser, no solo desde una perspectiva de definición, sino también desde una perspectiva de calidad. Con las nuevas capacidades tecnológicas, es factible examinar más datos que nunca. Ver lo que encaja en su definición y lo que no. Hacer controles con los usuarios finales del negocio. Arreglar los procesos de entrada de datos que crean datos terribles o ajustar las definiciones si no reflejan la realidad. Todavía está bien, y en muchos casos es necesario, saber cómo su organización debe definir las métricas clave. Pero ahora la tecnología permite hacerlo aún más fácil al mostrar los problemas de datos más rápido que nunca. Aquí tiene otra analogía: deberíamos dejar de intentar poner el agua de vuelta en el río después de una inundación y buscar las causas de la inundación en primer lugar.

¿Cómo entrenar a sus datos?

La premisa es simple. ¿Se puede utilizar la *AI*, o más específicamente los métodos y herramientas de *ML*, para mejorar la calidad de datos de su empresa? Hice esta pregunta a algunas personas inteligentes, que trabajan en tecnología de *AI/ML*, para que opinen al respecto.

La primera vez que escuché el término "*AI washing*" fue cuando entrevisté a Neil Raden para el capítulo. En pocas palabras, el *AI washing* se refiere a cuando una empresa afirma que utiliza tecnología avanzada como la *AI* en sus productos, pero en realidad no lo hace. Neil habló sobre un artículo que se basaba en evaluaciones de startups europeas, aunque dudo que este problema se limite a esa región. El artículo afirmaba que el cuarenta por ciento de las empresas encuestadas no tenían capacidades de *AI*, a pesar de afirmar que sí las tenían. Hace unos meses tuve la oportunidad de revisar el paquete de análisis de una gran empresa de software que afirmaba aprovechar "capacidades de *AI*" para acelerar la ingesta de datos. Me dijeron que la codificación se volvería más rápida y mejor a medida que se ingestaran más datos, lo que (en teoría) reduciría los costos a medida que aumentara el alcance. En realidad, descubrimos lo contrario cuando intentamos aumentar el alcance durante la fase inicial del contrato. Así que hice un poco de investigación, encontré a alguien que solía trabajar en esta empresa, y confirmó que en realidad eran personas las que escalaban el sistema, no capacidades de *AI*.

Con tanta desinformación, ¿qué se supone que debe hacer un líder? He encontrado que esto es cierto en la industria de los datos con bastante frecuencia durante las últimas dos décadas. Es bastante fácil escribir un gran artículo o armar un folleto llamativo y esperar lo mejor. Es una práctica de ventas común y curiosamente, cuanto más complicada se vuelve la tecnología, más fácil es para las empresas de software engañarnos.

Adentrémonos al detalle del *machine learning* y la inteligencia artificial para determinar si aportan valor a la calidad de los datos. Juntos aprenderemos las definiciones, la realidad de la industria y un método para evaluar la tecnología impulsada por la *AI*.

Hemisferio derecho hemisferio izquierdo

He llegado a pensar en esto de la siguiente manera. Si la inteligencia artificial es lo que acapara toda la atención, toma lo que sabemos y lo convierte en decisiones, acciones, arte o música, es como nuestro hemisferio derecho. El *machine learning* toma los datos y los categoriza para nosotros, los indexa en constructos que son fáciles de navegar. Piense en cuando aprende algo nuevo: primero escanea, luego categoriza y finalmente desarrolla una nueva forma de pensar. El *machine learning* es nuestro hemisferio izquierdo, escaneando y categorizando la enorme cantidad de información disponible hoy en día.

Para desglosar la viabilidad de utilizar el *ML* para mejorar la calidad de los datos de nuestra empresa, hice dos cosas: determiné lo que queríamos decir con calidad de los datos y luego revisé la ciencia y las estadísticas detrás de los algoritmos de *machine learning*.

Para ayudar a nuestros algoritmos de *ML* a entrenar los datos y mejorarlos, primero necesitaba saber cómo se ve una buena calidad de datos. Para entender esto, recurrí a Steve Johnson, profesor de la Universidad de Minnesota. Steve está en una misión personal para utilizar los datos y resolver algunos de los mayores problemas del mundo. Sin embargo, poco después de establecer este objetivo, se dio cuenta de que no llegaría muy lejos hasta que los datos mejoraran. Como tal, tomó un pequeño desvío de su misión original para definir claramente y operacionalizar lo que queríamos decir con "Buena Calidad de Datos" *(GDQ – Good Data Quality)* . Steve y un grupo de otros investigadores han estado trabajando en esto durante más de dos años. Han acordado un subconjunto estándar de elementos que componen una buena calidad de datos.[3]

1. Conformidad: Los valores de datos cumplen con los estándares y formatos especificados
    a) Conformidad de valor
    b) Conformidad relacional
    c) Conformidad computacional

2. Completitud: Los valores de datos están presentes

3. Plausibilidad: Los valores de datos son creíbles
    a) Plausibilidad de unicidad
    b) Plausibilidad atemporal
    c) Plausibilidad temporal

Cada una de estas categorías se puede desglosar en definiciones, ejemplos y subcategorías. Si bien este sistema se creó inicialmente para su uso en el cuidado de la salud, cambios simples en las definiciones y ejemplos hacen evidente que hay valor más allá del ámbito de la salud. Ciertamente, este marco es una aproximación amplia a los detalles asociados con la calidad de datos. Es una que nos ayuda a empezar desde el principio; primero, si los datos

---

[3] Harmonized Data Quality Terminology and Framework, (2016) Kahn et al, eGEMS.

existen, luego si están estructurados de manera similar (es decir, formato) y finalmente, si los consideramos confiables. Se podría argumentar que estos son los aspectos fundamentales de lo que significa tener una *GDQ*.

Estos se alinean bien con las definiciones estándar de calidad de datos para los *data warehouses* que revisamos en el capítulo cinco:

- Completitud
- Unicidad
- Oportunidad
- Validez
- Exactitud
- Consistencia

Marco de referencia de ML

Observe cualquier video sobre *ML* o hable con alguien en el campo y comenzará explicando cómo funciona el *ML*. Para entender estos conceptos, tal vez tenga que repasar algunos de sus libros básicos de estadística de antaño (espero que no los haya vendido en una venta de garaje). Hay tres formas en que los algoritmos de *ML* funcionan:

1. Aprendizaje Supervisado
2. Aprendizaje No Supervisado
3. Aprendizaje por Reforzamiento

En términos simples, el aprendizaje supervisado consiste en utilizar conjuntos de datos etiquetados para mostrar al algoritmo qué es qué. El aprendizaje no supervisado utiliza datos sin etiquetar. El resultado es un gráfico (como un diagrama de dispersión) que intenta mostrar las relaciones con los datos, regresión lineal tradicional. El último es el aprendizaje por reforzamiento, que consiste en enseñar al sistema a través de la corrección.

AI/ML en gobierno de datos

Ahora que sabemos cómo definir *GDQ* y entendemos el marco de referencia de *ML*, creo que es un pequeño paso para comprender la idea de que el *ML* puede ayudar a mejorar la calidad de datos a nivel organizacional. Sin embargo, podemos tener problemas rápidamente sin una base sólida y receptiva de gobierno de datos, ya que los humanos necesitan proporcionar suficiente contexto para respaldar el aprendizaje supervisado, así como una guía efectiva para el aprendizaje no supervisado y el aprendizaje por refuerzo, o la aplicación de *ML* solo se convertirá en otro proyecto tecnológico "divertido".

Algunas organizaciones dedicadas a la calidad de datos entienden esto de forma intuitiva y han creado productos que hacen de la calidad de datos parte del trabajo de todos. Trifacta es una empresa que ha intentado hacer precisamente eso. A través de aplicaciones simplistas pero elegantes de *ML* y una interfaz de usuario intuitiva, el software ayuda a todos en la organización a ver los datos y responder a ellos. Trifacta utiliza los términos "Activo" y "Pasivo", con el término activo permite a los usuarios hacer "limpieza inteligente" de los datos y abordar problemas comunes en el marco de *GDQ*, como datos faltantes e inconsistentes. El término pasivo proporciona la capacidad de monitorear los datos con reglas aplicadas para garantizar la consistencia. Se podría argumentar que, si todos los analistas de su organización tuvieran esta capacidad a su alcance, la transparencia podría impulsar cambios organizacionales en la responsabilidad de la calidad de datos. Ese es un paso crítico para cambiar la forma en que se trabaja en la calidad de datos.

Data catalogs

Cada año a finales de julio o principios de agosto, llegaba algo especial por correo: el catálogo de Sears. Crecí en una zona remota, con pocos tiendas de ropa cerca, así que comprar ropa nueva para la escuela significaba hacer un viaje de un día a la "gran ciudad" o simplemente soñar despierta con el catálogo de Sears. El catálogo era enorme, probablemente 8 centímetros de grosor y pesado. Era como imprimir los últimos tres meses de historial de búsqueda en Amazon.

Como niña pequeña, realmente no consideré el esfuerzo que tomó armar ese catálogo. No consideré que cada artículo en ese catálogo probablemente venía de una fuente diferente y que, aunque muchos parecían iguales, eran bastante diferentes. Las camisas polo eran populares en ese entonces y podías conseguir una en casi cualquier color. Yo conseguí la mía en azul claro para combinar con mis pantalones a rayas, luego me ponía mi suéter rosa alrededor de los hombros con las mangas ligeramente cruzadas delante, pero me estoy desviando del tema. La idea es que crear un catálogo de artículos similares pero distintos me permitió a mí (en realidad a mi madre) elegir entre artículos similares pero distintos según nuestros requisitos. Mi vecina eligió una camisa polo diferente según sus requisitos. Creo que entiende la idea. Avancemos rápidamente hasta hoy, donde tenemos *data catalogs* que permiten un acceso fácil a datos similares pero distintos. Estos *data catalogs* le muestran de dónde vienen los datos y le permiten, según sus requerimientos, elegir sus propios datos. Por ejemplo, si trabaja en finanzas, los datos que le interesan tienen que provenir del software de cuentas por pagar con el que interactúa, no de otros sistemas secundarios que utilizan esos datos. Va a buscar los datos o métricas que provienen del sistema que está acostumbrado a usar. Lo mismo ocurre para prácticamente cualquier otra función operativa que pueda usted imaginar.

Este enfoque parece un tanto contrario a la visión tradicional del gobierno de datos donde integramos todo y definimos ciertas métricas que toda la organización debe usar, pero no es lo contrario, es una evolución. Sabiendo que no es posible acceder a cada dato en cada sistema fuente, debemos permitir a nuestros usuarios finales acceder a los datos más relevantes para su trabajo. Los *data catalogs* permiten una forma sencilla y visualmente atractiva de hacerlo. Proporcionan el linaje de los datos (es decir, los metadatos técnicos) y muchos de ellos se pueden modificar, en función de los estándares de gobernanza, para mostrar diferentes pesos para ciertos datos. Por ejemplo, si tiene un identificador de cliente y la fuente de ese identificador es Salesforce. A medida que se utiliza ese ID de cliente en cada sistema concebible en su entorno, puede colocar un peso en la versión Salesforce de ese ID, para que el usuario sepa qué

ID inició todos los procesos descendentes. Ese es un ejemplo simple, pero un método importante para proporcionar más contexto sobre las capacidades de los *data catalogs* en términos de gobierno de datos.

La idea es que los *data catalogs* son una herramienta para que los usuarios accedan a los datos que son "suficientemente buenos" para sus propósitos hasta que necesiten capacidades más avanzadas. El valor de estos productos no puede subestimarse en la era del gobierno de datos moderno. Si ayudar a las personas a usar los datos es ahora al menos la mitad de nuestro objetivo de gobernanza, proporcionar herramientas para que las personas puedan ver todas las opciones y elegir entre ellas es un gran comienzo. Puede ser todo lo que algunos de sus usuarios necesiten. También ayuda con algo más, algo no pretendido, pero claramente una consecuencia. Si sus usuarios ven todos los datos que son similares, pero no idénticos, puede ayudarles a comprender la difícil tarea de integrar los datos. Cada uno de estos sistemas utiliza el *machine learning* y la inteligencia artificial en diferentes grados.

Por dónde empezar

El seguimiento de sus datos dispares para determinar su calidad y usabilidad es algo emocionante para un entusiasta de los datos. No he estado tan emocionada por una solución de software en un tiempo. Los *data catalogs* realmente ofrecen mucho valor a su esfuerzo de gobierno de datos, pero necesitamos estar seguros de que estamos resolviendo el problema correcto.

Curiosamente, mientras estaba en medio de esta investigación, conocí a la inolvidable Jen Underwood. La conocí en una conferencia y compartimos una conexión instantánea. Luego, felizmente, encontré un artículo que ella escribió sobre los requerimientos para la compra de un *data catalog*.

Requerimientos de Jen:

1. Población automatizada e inteligente del catálogo
2. Curación de etiquetas con aporte colectivo y retroalimentación de *machine learning*
3. Calificaciones y comentarios aportados por la comunidad
4. Capacidad para garantizar la vigencia de las etiquetas y los metadatos
5. Escalabilidad empresarial
6. *APIs* abiertas para la integración con una amplia variedad de herramientas
7. Búsqueda
8. *Data catalog* como plataforma
9. Linaje de datos
10. Protección de datos

Agregaría a la lista de Jen algunas otras consideraciones:

1. Plataforma agnóstica
2. Preparación de datos integrada
3. Seguridad
4. Plan de evolución del producto
5. Búsquedas mediante lenguaje natural

Hay muchas herramientas de *data catalog* disponibles en el mercado. Si hemos aprendido algo en la industria de datos, es que nos gusta consolidarnos en diferentes plataformas. Debería considerar un *data catalog* que sea agnóstico de la plataforma, de modo que pueda catalogar datos desde cualquier lugar, no solo desde sus propias bases de datos nativas.

Algunos catálogos integran la preparación de datos, lo cual es una característica muy atractiva para los ingenieros de datos sobrecargados de trabajo. También agregaría que la seguridad debería estar en la lista. Por primera vez, su empresa podrá ver la mayoría, si no toda, su información. Si aún no tiene un protocolo de seguridad sólido en las bases de datos mismas o en las plataformas, es posible que desee verificar qué opciones de gestión de acceso están disponibles en el catálogo de datos en sí.

Como con cualquier compra de software, es importante saber la posición financiera del proveedor y su plan de desarrollo del producto a largo plazo. ¿Parece que se están posicionando para ser adquiridos? ¿Le importa?

Una variable importante que aún no hemos abordado es el dato en la fuente. Estas herramientas y métodos pueden abordar los datos una vez que están fuera del sistema fuente, pero los procesos "malos" que crearon los datos "malos" persistirán hasta que se atiendan. Aquí es donde la transparencia puede ser una consideración más importante que el trabajo de *GDC* en sí mismo. Los *data catalogs* han llenado esta brecha.

Durante muchos años, prácticamente no teníamos herramientas tecnológicas que ayudaran a proporcionar una capa fluida sobre todas las posibles fuentes de datos. Utilizando funciones de *ML*, los *data catalogs* tienen la capacidad de examinar sus fuentes de datos y mostrar una representación visual del linaje de datos. Es una opción muy atractiva.

Ya sea que siga las nuevas reglas de la plataforma de datos moderna o prefiera un enfoque federado para los datos, puede juntar de manera atractiva lo que de otra forma podría ser una plataforma desordenada, al menos desde la perspectiva del usuario final. Pero tenga cuidado, durante mis entrevistas y conversaciones con personas, varios líderes analíticos reconocieron el potencial, pero también la desventaja. Un líder me dijo: "Si lo hiciera de la manera recomendada, estarían husmeando en bases de datos todo el tiempo, alentando las cosas, agregando muy poco valor".

Solo es una herramienta

Independientemente de la tecnología, por muy brillante y atractiva que sea o lo que el proveedor le prometa, preste atención al valor. Mi esposo tiene miles de dólares en herramientas sofisticadas de carpintería en el garaje. Son las mejores herramientas para su función, pero acumulan polvo como el martillo de $10 USD que compré en Target hace más de veinte años. Las herramientas solo son tan buenas como la persona que las usa. Las cosas que las herramientas ayudan a construir o apoyar necesitan el caso de negocio para equilibrar el gasto. Él me construyó una mesa realmente bonita, pero estoy bastante segura de que no vale el dinero que invertimos en ella. ¡No le diga que se lo dije!

Si sabe que tiene problemas con la calidad de datos, pero está preocupado por el *ROI* (como debería ser), crear un marco de referencia básico para cómo se ve la información (perfilado de datos) y compartirlo ampliamente (democratizar), puede generar mejores resultados que apuntar a algo más abstracto, al menos al principio. Soy una gran creyente en *KISS*. No la banda (¡son geniales!), sino el acrónimo en inglés *Keep It Simple Stupid* (perdón por la versión no políticamente correcta). Debería saber qué está tratando de solucionar o mejorar *antes* de empezar a tirar dinero al problema. Implementar software puede sentirse como un progreso hasta que alguien le pregunte el valor que obtuvo de la inversión que hizo. Eventualmente tendrá que encontrar un método técnico para mejorar la calidad de datos y realmente creo que el *ML* y los productos asociados son el camino por seguir. Pero a veces, es mejor comenzar donde realmente está roto.

Tablero de Control de Calidad de Datos

Si considera sus datos como una cadena de valor, el eslabón más débil será la mala calidad de datos. El desafío con la calidad de datos es multifacético. Es una de las razones por las cuales todas las organizaciones con las que he hablado han preguntado cómo mejorar la calidad de datos. No importa si la organización ha estado haciendo *analytics* durante años o si acaba de comenzar en el camino de *analytics*. La calidad de datos se ha convertido en nuestro talón de Aquiles. Ahora bien, el gobierno de datos y la calidad de datos no son lo mismo, pero como dije en un capítulo anterior, no hay gobierno de datos sin calidad de datos y no hay calidad de datos sin gobierno de datos. Deben existir juntos en una relación simbiótica.

Parte de la función de gobierno de datos es identificar las métricas clave para la organización, definirlas y asegurarse de que tengan una buena calidad de datos. No es todo lo que hace la gobernanza, pero es una parte importante. Nuestros ejecutivos deben tener una visión clara de un puñado de métricas que utilizan para dirigir la organización. Se requiere cierta disciplina para llegar a menos de quince métricas (puntos extra para diez). Una vez que llegue allí, debería crear un tablero de control de calidad de datos que simplemente muestre una página de resumen de qué tan "buenos" son esos datos para la métrica integrada. Para mayor claridad, una métrica generalmente requiere un numerador y un denominador. El tablero de control muestra la métrica como una relación y una pestaña separada debe incluir el numerador y el denominador. Por ejemplo, en el cuidado de la salud, hay una relación de costo por miembro por mes *(PMPM)*, esencialmente un desglose del costo de un miembro (alguien que participa en un plan de salud). Nuestro tablero de control debe mostrar el *PMPM* para ese mes, tal vez una línea de tendencia para mostrar la historia de esa métrica y en la segunda pestaña también debe mostrar los recuentos de miembros por mes junto con el costo. Debería poder ver fácilmente el cambio que experimenta la métrica en el tiempo. Si es una métrica muy estable, un gráfico de control es una gran visualización. También hay ejemplos basados en colores, haciendo que la métrica cambie de tonalidad de rojo/amarillo/verde si comienza a desplazarse entre los rangos esperados.

Los rangos esperados para esas diez a quince métricas deberían ser bien conocidos. Este tipo de tablero de control de calidad de datos está al final de su fábrica de datos, por así decirlo. El *data catalog* monitorea la calidad de datos crudos; esto mostrará a sus usuarios finales la calidad del resultado final de su esfuerzo. Obviamente, si el *data catalog* muestra que los datos crudos están yendo hacia el sur, habrá una correspondiente reflexión de eso en el tablero de control de calidad de datos. Este tablero de control está diseñado para el usuario promedio o incluso un ejecutivo, no para un analista. Ayuda a proporcionar transparencia y reconocimiento de que usted entiende lo importante que es la calidad de datos para la organización. Es como un sello de calidad o vigencia.

La idea principal es que no hay sorpresas con los datos asociados a las métricas clave que hacen funcionar su organización; ¡asegúrese de que estén correctos! No puede tener este nivel de conocimiento en cada pieza de datos, y no todos los datos justifican el tiempo y el costo asociados con este nivel de trabajo. Esto requiere disciplina y la comprensión de que no todos los datos son iguales.

Resumiendo

En primer lugar, la tecnología es solo una herramienta. No puede solucionar problemas con procesos deficientes o con el personal. Asegúrese de saber exactamente lo que la tecnología resolvería para su organización y que tenga un sólido retorno de inversión. En segundo lugar, hay muchas ventajas en los *data catalogs*. Todavía no creo que sea lo primero que deba hacer, pero por primera vez, tiene una línea de visión a los datos en sistemas dispares. Eso es demasiado importante para ignorarlo. Elija los requerimientos que se alineen bien con la forma en que su organización piensa acerca de gobierno de datos y la calidad de datos. Empiece con un *POC* o proyecto piloto pequeño. En tercer lugar, la calidad de datos es el resultado de sólidos procesos de gobernanza. Como he dicho antes en este libro, debe ocuparse de las personas, los procesos y la cultura, junto con la tecnología. Si hace esto, una calidad de datos excelente será el resultado.

CAPÍTULO 4

Cultura de Datos y Gestión del Cambio

Es hora de hablar del elefante en la habitación. Hay un dicho muy conocido que dice algo así como "La cultura se come a la estrategia de desayuno". En otras palabras, puedes tener el mejor plan del mundo, pero si no consideras la cultura organizacional, el resultado será impredecible. Mientras entrevistaba a personas para este libro, un líder de *analytics* dijo: "A veces parece que la cultura anula la lógica". Es una triste aceptación de la realidad del esfuerzo.

Lo he dicho antes, pero vale la pena repetirlo: estos programas son como un ecosistema y la cultura es el aire que respiramos. Puedes fingir que la cultura no está ahí, puedes fingir que no importa, puedes contener la respiración esperando a que cambie, pero eventualmente *enfrentarás* las consecuencias.

No tengo la menor duda de que, entre todas las cosas que pueden arruinar una iniciativa de gobierno de datos, la cultura de una organización es el principal factor, incluso con las mejores intenciones y métodos. Una falta de disposición para aceptar el cambio, un enfoque centrado en obstáculos y la mentalidad de héroe, absolutamente todo eso (y más) lo asfixiará.

Disrupción

Necesitamos aumentar el uso de los datos, porque acordamos que el uso es el punto principal. Pero el uso también aterra a muchos profesionales y ejecutivos de datos. Estamos siendo disruptivos en estos esfuerzos de gobierno de datos, lo que requiere una gestión del cambio efectiva.

Estamos haciendo gobierno de datos disruptivo, porque las implementaciones tradicionales ya no funcionan para la mayoría de las organizaciones ni por la cantidad de datos que tienen hoy en día. Sin embargo, la disrupción no significa que esté mal concebida o que se lleve a cabo de manera inadecuada.

Y no se trata solo de los datos; también se trata de la velocidad a la que la mayoría de las organizaciones deben operar hoy en día. Las empresas ya no tienen meses para considerar un cambio, cuando sus competidores pueden hacerlo en semanas o días. Cambios disruptivos están ocurriendo en los modelos de negocio todos los días. Nuestros líderes sienten una enorme presión para tomar decisiones correctas y los datos pueden ayudarlos. La velocidad con la que las organizaciones deben revisar, considerar y cambiar significa que tenemos que mantenernos fluidos y dinámicos en nuestro enfoque. La rigidez en el enfoque conduce a fallas críticas. Es la razón por la cual las alas de los aviones pueden flexionarse y las palmeras pueden resistir vientos huracanados. Nuestras estructuras de gobernanza deben reflejar la forma en que hacemos negocios hoy en día; proporcionar suficiente integridad para flexionarse, pero no romperse.

¿Qué es la cultura y por qué es importante?

Durante la escritura de este libro, participé en una mesa redonda con el tema de "Hacer un cambio que perdure". La primera pregunta que hizo el moderador al panel fue "¿Qué es la cultura?", porque por supuesto, tienes que definir la cosa que estás cambiando antes de poder cambiarla. Cada panelista dio respuestas que parecían ser precisas en dirección, identificando el aspecto intangible de la pregunta, compartiendo que se trata de los comportamientos y valores.

"La **cultura organizacional** es un sistema de supuestos compartidos, valores y creencias que rigen cómo se comportan las personas en las organizaciones. Estos valores compartidos tienen una fuerte influencia en las personas de la organización y dictan cómo se visten, actúan y desempeñan sus trabajos. Cada organización desarrolla y mantiene una cultura única, que proporciona pautas y límites para el comportamiento de los miembros de la organización".[4]

La cultura es importante porque literalmente define y guía a la organización y sus empleados sobre lo que es apropiado y lo que no lo es. Es el marco en el que se miden todas las demás cosas. En muchos sentidos, es intangible o difícil de articular a alguien fuera de la organización. Una de mis preguntas favoritas cuando visito una organización es cómo describen la cultura. Estoy buscando dos cosas, igual de importantes para mí: la capacidad de responder la pregunta

---

[4] https://bit.ly/2KUq4Kr.

(independientemente de si me gusta la respuesta) y la respuesta en sí misma.

Si la persona a la que estoy entrevistando puede responder rápida y confiadamente a esta pregunta, seguramente comprende lo esencial y relevante que es la cultura. Significa que han reflexionado lo suficiente sobre ella como para poder ponerle palabras. Le sorprendería cuántas veces obtengo respuestas como "bueno, supongo que no estoy seguro de cómo lo describiría" o "eso es realmente difícil de hacer". A menudo, las personas que tienen más dificultades para responder la pregunta sobre la cultura son los líderes de tecnología. Piense en esto, el departamento que es responsable de introducir más cambios disruptivos que cualquier otro no puede articular claramente la cultura. Lo que no puede articular será lo que le afectará al final.

La otra cosa importante para mí es *cómo* responden a la pregunta. Busco un par de atributos en una empresa con la que trabajo. Su disposición y apertura al cambio, la mentalidad de poner a las personas primero (tanto empleados como clientes) junto con cierto factor "especial". Sí, eso es intangible, pero es intangible porque es diferente para cada persona.

Aquí un buen ejemplo: recientemente, una firma consultora de tamaño mediano que quería ingresar a la industria de datos se puso en contacto conmigo. Querían saber cómo podría verse una práctica de datos para ellos. Recibo estas llamadas con frecuencia; todos quieren estar en datos. ¡Finalmente somos los chicos populares! Llegue en una soleada mañana de jueves, vestida con ropa casual de negocios. Me recibe un iPad, una recepcionista y un perro llamado Max. En el área de recepción hay sillas de moda colocadas en ángulo alrededor de una mesa de café de madera viva y una luminaria Sputnik colgando de un techo abovedado. Paredes de vidrio, similares a las que se ven en el zoológico, me impiden escuchar la conversación que se está llevando a cabo en la sala de conferencias a mi izquierda.

Después de unos minutos, un caballero alto con una sonrisa fácil me saluda y hacemos un breve recorrido por sus instalaciones. Están realmente orgullosos de ellas, o eso me dice. Algunas cosas que noté: camas para perros debajo de escritorios de pie, luces parpadeantes, paraguas, *Star Wars* y otros objetos nerds por todas partes, y (lo más importante para mí) sin paredes. Ninguna. Todos tenían pequeños escritorios conectados entre sí. Su cultura no susurraba, gritaba. Estaba incrustada en cada rincón del edificio.

Esto es lo que quiero decir con el factor "especial". Para mí, como mujer de mediana edad, la esencia del ambiente no era acogedora, pero esa es mi perspectiva. Puedo apostar a que un hombre de treinta y tantos años tendría una opinión muy diferente al respecto. Su cultura es la forma en que se presenta y atrae al mundo que lo rodea. Atrae a personas con mentalidad similar y es el terreno fértil o desolado en el que está sembrando su semilla del cambio.

Cultura de datos

En mi segundo libro *"Data-Driven Healthcare"* sostuve que *"Data-driven* significa que la información debe ser consumible y contextual, para fomentar la acción que modificará el comportamiento con el tiempo". Creo que esta definición ha resistido el paso del tiempo y también se aplica al gobierno de datos. Si no puede modificar el comportamiento a partir de los datos, ¿qué está haciendo con ellos? El esfuerzo para mover a su organización de una toma de decisiones basada en la intuición a decisiones *data-driven* requiere un enfoque multifacético. Requiere que su organización adopte una cultura de datos.

McKinsey tiene siete principios para una cultura de datos saludable. Si no lo hubiera encontrado después de que se escribiera la mayor parte del contenido de este libro, lo habría citado con más libertad. En el artículo, representan muchas de las cosas que se posicionan en este libro, incluida la necesidad de colocar a las personas en primer lugar, reconocer el riesgo inherente en el trabajo, la necesidad de poner los datos ahí fuera y muchos otros principios acertados de creación de una cultura de datos.[5]

Las culturas de datos que impregnan estos principios son realmente bastante raras. Cuando se dan, tienden a recibir mucha atención en los medios, premios, artículos, etc. Pero la gran mayoría de las organizaciones con las que he trabajado a lo largo de los años pueden haber tenido algunos de estos principios, no puedo pensar en una sola que los haya tenido todos. Comparto esto con usted porque es importante entender que, como líder de datos en su organización, es posible que no esté tan atrasado como piensa. Durante todo el tiempo que he sido consultora, también he sido empleada liderando estos esfuerzos y

---

[5] Diaz, Alejandro, Rowshankish, Kayvaun, Saleh, Tamim. (2018, September) McKinsey Quarterly. Why Data Culture Matters. https://mck.co/2wPN72R.

conozco la situación de presión en la que se encuentra. La continua exigencia de "necesitamos más datos" y "eres demasiado lenta", disminuida solo por "los datos están mal" y "¿qué tan difícil puede ser esto?" Incluso si es una persona positiva, es difícil no frustrarse por todos los detractores y partidarios de su despido.

Hemos dejado la conversación sobre la "cultura de datos" en un segundo plano durante demasiado tiempo porque no pensábamos que fuera importante. Estos hilos delicados que tejemos en las organizaciones pueden deshilacharse rápidamente cuando una persona se va o un nuevo ejecutivo decide que los datos son un *commodity* (preocúpese cuando un ejecutivo le diga eso). El trabajo para crear una cultura de datos es un esfuerzo de gestión del cambio, que requiere una gestión reflexiva, exhaustiva y coherente.

Esto es personal

Es de suma importancia que reconozca lo personal que es esto para su equipo. El trabajo es personal y cualquiera que diga lo contrario está buscando una solución fácil. Es personal porque es cómo pasamos nuestro tiempo, nuestro recurso más valioso y no renovable. No me malinterprete, somos una especie trabajadora, nos gusta mantenernos ocupados, pero tenemos opciones. Hay muchas razones diversas por las que su equipo eligió su organización, pero el hecho es que cuando llega el momento de la verdad, es personal para ellos y cualquier cambio creará un alto grado de angustia.

También debería ser personal para usted. ¿Por qué es el pionero de este cambio? Profundice y asegúrese de que está haciendo esto por las razones correctas, no porque se lo dijeron o porque le gusta hacer explotar cosas y ver dónde caen (debo admitir que a menudo caigo en este último grupo). Necesita estar dispuesto a reconocer que el trabajo es personal y tomarse el tiempo para mapear el impacto del cambio y gestionarlo. Si no está dispuesto a hacer eso, entonces deténgase aquí. En serio, deje el libro y sigua con su día. No funcionará sin ese compromiso personal.

Si está listo, empecemos con un ejercicio rápido para que empiece a pensar en su organización y su preparación para el cambio. Quiero que identifique los problemas que está viendo en su cultura. Este no es un ejercicio de bien o mal, simplemente es una perspectiva personal basada en sus experiencias. No tiene que ser un experto en todo lo relacionado con el cambio para saber cuáles serán sus desafíos; solo necesita tener cierto nivel de conciencia. Por ejemplo, muchos lugares que intentan implementar activos de datos tienen una "cultura de héroes", en la que los analistas harán cosas locas para responder preguntas lo más rápido posible. Si bien eso se siente genial para los héroes en el momento, a menudo conduce a escenarios que no son escalables ni sostenibles, y sus héroes estarán sobrecargados en poco tiempo. Quizás haya notado una vacilación para aceptar nuevos cambios, ya sea a nivel ejecutivo o de contribuidor individual. En cualquier lugar que sea el origen, la falta de disposición para el cambio es un problema. Dedique algo de tiempo a escanear la organización, identificando dónde ve problemas y documentándolos.

Hace años comencé a notar el impacto que la cultura y la incapacidad para gestionar el cambio tenían en mis clientes. Adopté un cuestionario que fue publicado en la revista *Fortune*, en un artículo escrito por Thomas Stewart en 1994. Él había identificado diecisiete elementos clave para determinar la preparación de una organización para el cambio. Utilicé ese cuestionario en conjunto con un modelo de madurez de *analytics* para ayudarme a enfocar cuáles serían los mayores problemas de mis clientes al pasar de decisiones basadas en la intuición a decisiones basadas en datos. Sin excepción, las organizaciones con grandes problemas culturales fueron a las que más trabajo les costó avanzar.

Los expertos dan su opinión

Cualquier marco de trabajo es útil porque proporciona un punto de partida de "usted está aquí", pero no le dicen qué hacer a continuación o cómo dividir el trabajo en pasos manejables. Para eso, buscamos a profesionales de la gestión del cambio.

Hay una enorme cantidad de recursos disponibles sobre este tema, por lo que necesité filtrar parte del ruido. Para ayudarme en eso, me puse en contacto con Dan Olson. Dan es un agente de cambio veterano y proveedor de perspicacias convincentes. Rápidamente fue al grano al plantear que el objetivo de cualquier cambio es aumentar la utilización y la adopción. Por supuesto, en términos de datos, esto fácilmente se traduce en sistemas, software o los propios activos de datos.

Dado que sabemos que el cambio se trata de las personas en la organización, primero necesitamos comenzar por entender su perspectiva. Dan dijo que a menudo comienza con un mapa de empatía, un término que nunca había escuchado antes.

Después de hacer una rápida búsqueda en Internet, encontré que los mapas de empatía son una evolución del perfil de usuario, un artefacto que se encuentra en el diseño web desde hace décadas. Hoy en día, también se utiliza en métodos ágiles, por lo que es un excelente punto de partida para nosotros. Los mapas de empatía[6] identifican brevemente lo que un usuario o una persona interesada en nuestro esfuerzo de cambio podría estar pensando, sintiendo, haciendo o diciendo. En otras palabras, nos pondremos en su lugar por un tiempo. Aquí hay un ejemplo de un mapa de empatía:

Dice: Idealmente, utilizaría citas reales de personas que caen dentro de este tema.	Piensa: ¿En qué están pensando acerca del próximo cambio?
Hace: ¿Qué observa en su comportamiento?	Siente: ¿Qué preocupaciones podría tener la persona acerca del cambio?

Obviamente, es poco realista hacer un mapa de empatía por cada persona en su organización (supongo que si tiene una empresa de treinta personas podría intentarlo), así que primero tome esa lista de problemas que identificó al principio y cree temas. A continuación, utilice esos temas para crear mapas de empatía. Por ejemplo, hagamos un

---

[6] http://bit.ly/40CxlUQ.

mapa de empatía para las personas con "Mentalidad de Héroe":

Dice: "Proporciono un excelente servicio a las personas que necesitan datos. No necesito que mejoren las cosas porque ya estoy haciendo un gran trabajo, ¡solo pregúnteles a ellos!"	Piensa: Es innecesario. He pasado por este tipo de proyectos antes y siempre fracasan, y luego tengo que recoger los pedazos.
Hace: Hesitación, evasión, subterfugio directo.	Siente: ¿Qué sucederá si esto funciona y mi trabajo cambia por completo? No estoy preparado para eso. No estoy seguro de tener las habilidades para adaptarme al cambio. Tal vez tenga que buscar otro trabajo.

La importancia de los mapas de empatía no radica en la corrección, y ciertamente no en el juicio, sino en la conciencia. Permitirán que los problemas que surgirán en el camino del cambio se hagan evidentes.

Otra forma de pensar en esto, y una que he visto en organizaciones, es el modelo "Cabeza, Corazón, Manos". Al igual que los mapas de empatía, se centra en las personas afectadas por el cambio y solo funciona si se involucran los tres: la cabeza (pensamiento o racionalidad), el corazón (sentimiento) y las manos (comportamientos). El modelo de cambio más prolífico y aparentemente más adoptado es *ADKAR*: Conciencia, Deseo, Conocimiento, Habilidad y Reforzamiento. Creado originalmente por el fundador de *Prosci*, Jeff Hiatt, identifica rápidamente los cinco principios que las organizaciones deben considerar antes de lanzar esfuerzos de gestión del cambio.[7] Una de las cosas que aprecio del modelo *ADKAR* es su enfoque de "viaje en lugar de destino". Muchos de los esfuerzos de cambio que he presenciado se centran demasiado en la comunicación del cambio y muy poco en el proceso o en cómo se desarrolla el cambio a lo largo del tiempo. Cualquiera de estos métodos es un gran lugar para comenzar a recordarse a sí mismo y a su equipo de cambio que el gobierno de datos disruptivo se trata de las personas y las personas deben ser su enfoque.

Mientras mi conversación con Dan continuaba, le hice una pregunta acerca del cambio en sí, el ritmo y cuán ubicuo es. De manera clara y concisa, Dan simplemente afirmó: "Las organizaciones están descuidando el componente humano en el ritmo de los negocios". Empecé a pensar en todas las veces que he trabajado en un esfuerzo de cambio y en todas las empresas que he visto a lo largo de los años, y me di cuenta de que realmente no he visto ningún esfuerzo de cambio bien hecho. Claro, algunos han sido hechos mejor que otros, pero los esfuerzos de cambio a gran escala, particularmente aquellos que llegan al corazón de la cultura de la organización, son extremadamente difíciles. Sospecho que esto se debe a que es mucho más fácil centrarse en los elementos que se pueden marcar en la lista de tareas del proyecto. Es fácil marcar tareas asociadas a la tecnología. Se pueden poner servidores en línea, instalar software, modificar software y jugar con casillas de verificación poco comunes en el software hasta cansarse. Se siente como progreso y, con técnicas tradicionales de cascada, también se ve como progreso. El problema es que no es donde está

---

[7] https://bit.ly/1qKvLyJ.

el verdadero trabajo y tampoco es donde encontrará el éxito. Es simplemente aplazar el problema para después.

> "Todos llevan equipaje emocional que no cabe en el compartimiento superior."
>
> Dan Olson

La caótica parte intermedia

Por supuesto, gran parte de la gestión del cambio tiene que ver con la comunicación, el cómo y cuándo hacerlo. Los desafíos asociados con la comunicación son diferentes según su papel en la organización. Si piensa en su organización como un triángulo, en la parte superior se encuentran los ejecutivos. A continuación, están los gerentes intermedios y finalmente, en la base, los individuos. Comunicar y difundir mensajes cuando usted es un ejecutivo a cargo de miles de personas se ve y se siente diferente que cuando es un gerente intermedio responsable de dos empleados. Lo interesante es que también hay un esfuerzo de comunicación a nivel de los individuos, uno que a menudo se ignora. ¿Qué dicen los individuos entre sí cuando los ejecutivos y gerentes han compartido el mensaje? Esa es una pieza importante del rompecabezas y una que, si se ignora, puede infundir descontento y miedo si no se maneja adecuadamente. La mejor persona para controlar las conversaciones en el espacio común es el gerente intermedio, que también está en una posición para manejar la comunicación con los ejecutivos y ayudarles a comprender lo que se está diciendo a nivel de individuos.

Especialmente, cuando esas conversaciones en el espacio común han impactado significativamente en el esfuerzo de cambio. Eso no siempre es fácil en ciertas culturas.

Recuerdo la época en la que era una gerente intermedia en una organización que había pasado por una enorme cantidad de cambios en un corto tiempo. Hubo una gran cantidad de rotación ejecutiva, algo de mala publicidad y una reducción de personal mal gestionada. La gente estaba molesta, frustrada y temerosa. Los ejecutivos reunieron a todos los líderes e intentaron responder tantas preguntas como fuera posible. Durante una asamblea, una pregunta sembrada generó una pregunta sin previo aviso de un miembro de la audiencia.: "¿Cómo puedo confiar en ustedes cuando he escuchado esto antes y nada ha cambiado?" Sin duda, fue la pregunta en la mente de todos y afortunadamente alguien fue lo suficientemente valiente como para hacerla. Desafortunadamente, también es una pregunta muy difícil de responder si lo toma por sorpresa. Esa es la posición en la que se encuentran muchas organizaciones ahora y los ejecutivos deben estar preparados para abordar preguntas y preocupaciones difíciles con algo más que solo argumentos estándar. Me da escalofríos recordar cómo el ejecutivo en esta situación en particular respondió: "Me encantaría responder eso, pero se nos acabó el tiempo". No creo que tenga que entrar en detalles sobre cómo fue recibida por los empleados en la sesión y el impacto en las conversaciones informales en la oficina.

Características de un trabajo bien hecho

Siempre estoy a la búsqueda de métricas del éxito medibles. Aquellas que transmiten, más allá de cualquier duda razonable, que se hizo lo que se dijo que se iba a hacer. A veces, los resultados son tan obvios que no es tan importante mostrar los datos, pero aun así me gusta estar preparada. Cuando se trata de gestión del cambio, había una parte de mí que se preguntaba si las métricas del éxito irrefutables eran incluso factibles. Así que, mi última pregunta a Dan fue: ¿cómo sabes cuándo tienes éxito?

El cálculo resultó ser bastante sencillo. Se comienza con el gasto total de la organización en la iniciativa. Por ejemplo, si se está implementando un sistema grande, como una herramienta de gestión de la relación con el cliente (*CRM*) o un registro médico electrónico (*EHR*) , estos sistemas fácilmente cuestan millones de dólares. Luego, como en nuestro ejemplo, se determina cuánto del éxito de la iniciativa depende de la utilización y adopción del sistema. Se desarrolla algo así: Si la implementación del nuevo sistema cuesta a la organización un millón de dólares y su objetivo es el ochenta por ciento de adopción, eso significa que se juegan $800,000. Cuando lo miras así, incluso un presupuesto del cinco por ciento para un esfuerzo de gestión del cambio, en este caso, $50,000, es un precio pequeño que pagar.

La marca distintiva de un esfuerzo de cambio exitoso es *tener un plan de cambio*. Cuando Dan me dijo eso, tuve un momento de "¡Bueno, obvio!". De hecho, esto está respaldado por los datos que recopila *Prosci*. Según su sitio web, "... las iniciativas con una excelente gestión del cambio tienen seis veces más probabilidades de cumplir los objetivos que aquellas con una mala gestión del cambio". Además, al pasar de una mala a una buena gestión del cambio, ¡se triplica la probabilidad de cumplir el objetivo! [8]

Iniciando con las personas primero, estando preparado para responder a las preguntas difíciles, comunicando y transmitiendo mensajes, eso es el trabajo del agente de cambio. Luego debe levantarse al día siguiente y hacerlo de nuevo, una y otra vez. Ahí es donde realmente reside el esfuerzo. Si el criterio de éxito para un esfuerzo de gestión del cambio es si planificó o no un esfuerzo de gestión del cambio, entonces creo que es hora de que empecemos a planificar este trabajo, ¿no cree? Si piensa que tomó este trabajo porque le gusta el análisis de datos y quiere pasar sus días analizándolos, entonces el gobierno de datos puede no ser lo adecuado para usted. Este es un trabajo de agente de cambio, simple y llanamente.

Simplemente complicado

Hemos establecido que el gobierno de datos disruptivo es algo que debemos hacer. Después de considerar a las personas, la tecnología y los procesos, deberíamos estar listos para empezar, ¿verdad? No subestimemos lo difícil que puede ser para los profesionales de datos reconocer que la mayoría del trabajo de gobierno de datos es un trabajo complejo y en constante cambio. Nos gustan las ecuaciones

---

[8] https://bit.ly/2PTdAUy.

balanceadas, las respuestas confiables y la consistencia de los métodos, pero aquí estamos.

Después de trabajar con tantos clientes, rara vez me sorprenden sus respuestas hacia la transición hacia una cultura *data-driven*. Una vez, una cirujana cardíaca me dijo que no podía entender *mi* trabajo; parecía tan difícil. Al principio pensé que estaba bromeando, pero no lo estaba. Créanme, la cirugía cardíaca es más difícil y hay mucho más en juego, pero la idea de que los datos y específicamente el gobierno de datos son complicados para abordar es una reacción común. Se le atribuye a Einstein la cita; cualquier idiota puede hacer algo complicado. Se necesita un genio para hacerlo fácil. No soy una genio (a menos que usted le pregunte a mi papá), pero estaba curiosa sobre el continuum de la complejidad. Específicamente, ¿hay palancas que hagan que una tarea pase de difícil a complicada a compleja? Resulta que sí las hay. En el libro "*It's not complicated*", el autor Rick Nason desglosa estas diferencias para ayudar a los líderes a abordar problemas más grandes. En resumen, la diferencia entre algo que es complicado o complejo es si las piezas de la tarea se pueden desglosar y abordar de manera lógica. Lo que Nason ofreció y que realmente me hizo sentido es la idea de que tenemos que pensar en cómo podemos *manejar* los grandes problemas, no en cómo resolverlos. Nunca "resolveremos" el gobierno de datos. No es un ejercicio de única vez, *pero* puede descomponerse en esfuerzos más pequeños, y por lo tanto no necesita ser complejo.

Casi todo el trabajo con los datos es un viaje, no un destino. Centrarse en gestionar el cambio hacia un gobierno de datos moderno, en lugar de resolver la tarea, garantizará el éxito en su esfuerzo.

Planifica el trabajo... trabaja el plan

La comunicación es la parte principal de su plan de gestión del cambio. En el apéndice, encontrará un ejemplo de un plan de comunicación para usar como punto de partida. Tenga en cuenta que la comunicación debe ser en ambos sentidos. No puede simplemente enviar correos electrónicos y pensar que está comunicando el cambio. Si sigue el modelo *ADKAR* y mantiene una frecuencia de comunicación constante a través de diferentes canales de comunicación, estará en terreno firme para lograr el impulso para su cambio.

Una de las cosas más críticas que tendrá que comunicar es la idea central de que el uso de datos es beneficioso, incluso si parece que los datos no son "correctos". Verlos, usarlos y proporcionar canales abiertos para recibir comentarios, crea un sistema para abordar continuamente los problemas de datos que inevitablemente surgirán. Durante mucho tiempo, hemos asignado este esfuerzo a equipos pequeños, agotados y aislados de TI o *analytics*. Si quiere crear una verdadera cultura de datos, todos deben aceptar los beneficios del uso generalizado de datos en el día a día de los negocios, así como reconocer que encontrarán datos "malos" y serán corregidos, y eso está bien porque es parte del proceso.

Uno de los retos más complejos que tiene frente a usted es convencer a sus analistas de que esto es una buena idea. Es un instinto natural para los analistas aferrarse a sus métodos, porque sienten que les está quitando el trabajo en el que tienen mucha historia y experiencia. Puede ser algún esfuerzo manual, loco y no escalable que le haga cuestionar su cordura, pero también es el trabajo que les otorga el reconocimiento y el estatus de "héroe de datos" que los mantiene en la empresa. Cualquier cambio, y más aún un cambio que perturba la rutina de una persona, puede ser profundamente preocupante.

No todos ellos, de hecho, probablemente solo unos pocos, estarán de acuerdo con usted; tendrá que encontrar una manera de estar bien con eso. Escoja a algunos para liderar el cambio en el gobierno de datos. Estos analistas pueden formar parte de su grupo más amplio de embajadores de datos, ayudando a proteger y promover el uso de los activos de datos. En segundo lugar, tendrá que seleccionar a algunas personas que sean conocedoras de los datos, pero que no sean analistas. Dales los datos que siempre han querido y luego esté allí para las preguntas, desafíos y victorias inevitables. Piense en estos esfuerzos como programas piloto y, cuando tenga victorias o lecciones clave aprendidas, úselas en su plan de comunicación. Ganar racionalmente a la gente con lo que otros han hecho o visto en un contexto relevante es un gran punto de partida. Pero recuerde que lo más importante es crear un plan para gestionar el cambio.

Resumiendo

La cruda realidad es que, independientemente del tipo de gobierno de datos que desee implementar, ya sea tradicional o moderno, el trabajo radica en la gestión del cambio. Prepárese bien creando un plan de comunicación, buscando *champions* en toda la organización y creando un alto grado de visibilidad para el trabajo que realice. Comunique constantemente, ayudando a todos, desde la alta dirección hasta el personal operativo, a ver que tienen un papel en el gobierno de datos.

CAPÍTULO 5

Calidad de Datos

Tengo una confesión que hacer: tengo un tatuaje. Bueno, tengo cinco tatuajes, pero uno de ellos se ha vuelto más relevante para mí recientemente. Permítanme llevarlos atrás veinte años, hasta 1997. Acababa de comenzar mi programa de maestría y en el primer día de clases, mi profesor (el incomparable Lou Milanesi, Ph.D.) escribió dos cosas en la pizarra:

"No hay almuerzo gratis" y "$X = T + E$".

La primera se explica sola; la segunda, sin embargo, para nosotros, estudiantes novatos de posgrado, requería cierta explicación. En resumen: la puntuación observada (X) es igual a la puntuación verdadera (T) más el error (E). En términos sencillos, la lección clave es esta: en lo que hagas con los datos, considera la posibilidad de error. Esto resonó profundamente en mí. Este concepto relativamente simple es el corazón de la estadística aplicada; impulsó la mayor parte de mi educación durante esos dos años. Pero había algo más, algo casi filosófico, inherente a esa simple ecuación $X = T + E$. Reflexioné en esta idea tanto que un día, por poco más que un capricho y unos cuantos dólares adicionales, finalmente me detuve en la tienda de tatuajes que estaba más cerca de mi lugar de copas favorito. Con solo un par de caracteres de tinta, me comprometí permanentemente con esta simple idea: en lo que hagas, considera la posibilidad de error.

Avanzando rápidamente unas décadas, a veces olvido que el tatuaje está ahí. Pero el concepto sigue siendo fuerte; en todas las cosas que hacemos, ¿no deberíamos considerar la posibilidad de error? Y como alguien que está permanentemente vinculada a la filosofía, es hora de sacudir el polvo y ver si aún tiene validez.

Los errores en los datos son ubicuos. En una crisis existencial, parece que los datos no son datos sin algún nivel de error, al menos a nivel macro. Pasamos mucho tiempo preocupándonos por la calidad de datos, sin embargo, cuando nos encontramos con poco tiempo, nuestros procedimientos de aseguramiento de calidad suelen ser lo primero en lo que recortamos. Cuando hay tiempo para pensar y trabajar racionalmente, la gente generalmente elige "bueno" de la triada "Bueno, Rápido o Barato" porque sienten que es la elección correcta. Pero en el mundo real, donde el tiempo es escaso y la presión es alta, "rápido" se ha convertido en la opción predeterminada.

En casi todas las organizaciones en las que he trabajado, ya sea como consultora o como empleada, alguien me ha dicho que la calidad de datos es un problema. Si navega por cualquier conversación en redes sociales sobre datos, eventualmente encontrará una sobre calidad de datos. La buena calidad de datos es imperativa para casi todo lo que se hace en el *machine learning* y la inteligencia artificial. Abundan datos anecdóticos sobre el tiempo que las personas invierten "limpiando los datos". Solo pregunte a cualquier analista cuánto tiempo dedica a limpiar los datos antes de poder usarlos y la mayoría le dirá que es más del cincuenta por ciento para cualquier proyecto dado, y más a menudo se alinea con la regla del 80/20.

El imperativo de la Calidad de Datos

Estemos de acuerdo en que necesitamos que los datos sean de alta calidad, ¿de acuerdo? Puede ser lo último en lo que estemos de acuerdo, pero podemos estar de acuerdo en eso. Una buena calidad de datos conduce a mejores soluciones analíticas, más rápidas y escalables. Si no podemos afirmar que tenemos buena calidad de datos, ¿cuál es el punto de crear un programa de gobierno de datos? Sin embargo, nos encontramos en una situación interesante. Todos estamos de acuerdo en que es importante, pero en cuanto a *cómo* lograrlo, veo una brecha del tamaño del Gran Cañón.

Este capítulo por poco no se incluye en el libro. Terminé de escribir y quería incluir literatura que respaldara mis recomendaciones para las pruebas de *data warehouses* para un cliente. Me enfoqué específicamente en *qué* se debe probar en un *data warehouse* y cómo hacerlo. Recurrí a mi buen amigo Google y me quedé perpleja. La falta de contenido práctico sobre calidad de datos en un *data warehouse* es escasa. Es vergonzoso para una industria tan establecida, que un tema como la calidad de datos en un *data warehouse* sea casi inexistente.

Ahora bien, antes de que me responda en Twitter con enlaces de referencia, sé que hay contenido en línea sobre este producto o aquel producto y que los consultores (yo incluida) tienen blogs sobre el tema de la calidad de datos.

También he incluido varios libros sobre el tema en el apéndice. Pero lo que estaba buscando era un ejemplo concreto que un arquitecto novato de *data warehouse* pudiera utilizar como punto de partida para implementar su propia metodología escalable y repetible para la calidad de datos. De repente, me di cuenta de que la razón por la que los analistas de datos dedican tanto tiempo a la calidad de datos es que parece que nadie más lo ha hecho.

Esta falta de enfoque práctico en la calidad de datos también se ha reflejado en mis experiencias personales. Me he encontrado con más de un *data warehouse* que tenía prácticamente ningún proceso de calidad de datos asociado, excepto tal vez los recuentos de filas. Sin embargo, es importante destacar que existe un alto nivel de contenido académico sobre los estándares de calidad de datos. Lo que parece estar faltando es algo intermedio entre la teoría académica y los artículos sobre pruebas de calidad específicas. Este capítulo explorará los desafíos de calidad de datos que enfrentamos en el contexto del gobierno de datos, y más específicamente, cómo lograr que los usuarios finales promedio tengan acceso a datos de alta calidad.

Con alta probabilidad, parte de la falta de contenido sobre los procedimientos de calidad de datos se debe a la naturaleza abrumadora del tema en sí, especialmente para un *data warehouse* moderno. El volumen y la veracidad de los datos que llegan a nosotros cada día es como un tsunami. Con nuestros *stakeholders* y usuarios finales ya esperando impacientemente, ¿realmente les diremos que los datos tienen que pasar cinco o seis pruebas antes de que puedan usarlos? O, las pruebas que hemos integrado en el código de transformación comienzan a ralentizar los procesos de carga. Abundan los escenarios con problemas relacionados con cómo implementar la calidad de datos en un *data warehouse.*

> "El camino al infierno está empedrado de buenas intenciones".
>
> Proverbio

Organicemos esto y quitemos toda la diversión, ¿de acuerdo? Primero, una definición: "Los datos tienen calidad si satisfacen los requerimientos de su uso previsto. Carecen de calidad en la medida en que no satisfacen el requerimiento" (Olson, Jack. *Data Quality: The Accuracy Dimension.* 2003. Morgan Kaufman). No importa si tienes a las personas más inteligentes, la mejor tecnología, métodos de vanguardia y una taza interminable de café, no se puede medir la intención. La intención no tiene una línea base para comparación. Es una esperanza, un objetivo, por lo general sólo conocido por la persona - o en nuestro caso, el analista.

Soy una antigua analista de datos renuente. Puedo decirle, por los años que pasé pegada a la computadora, que la intención que tenía cuando empezaba un análisis y el resultado final a menudo eran dos cosas diferentes. También le puedo decir que, si realmente está explorando datos, la intención debería ser "todavía no lo sé". Entiendo lo que Jack Olson quería decir, pero la intención no es lo que deberíamos medir en cuanto a la calidad de datos; en realidad, es el contexto. Es un juicio sobre la aptitud del propósito que puede y debe ser objetivo. Pero aquí está el desafío, y es la misma encrucijada en la que nos encontramos con el gobierno de datos: ¿cómo podemos acertarle a un objetivo en movimiento? El contexto y el *fit-for-purpose* cambian a medida que cambian las situaciones. En una situación de medición estándar, crearía una línea base y mediría lo actual en comparación con ella para obtener el delta. Pero si la línea base cambia (nuestro contexto), ¿cómo puedo evaluar objetivamente el delta?

Lo que probamos

Es ampliamente conocido que hay seis aspectos de la calidad de los datos. Hay muchos artículos sobre estas dimensiones; prefiero uno del CDC basado en el trabajo de DAMA UK. Dependiendo del artículo que lea, las dimensiones pueden tener nombres ligeramente diferentes, pero son básicamente las mismas:

- Completitud
- Unicidad
- Oportunidad
- Validez
- Exactitud
- Consistencia[9]

En términos razonables, es posible crear pruebas estándar para estas dimensiones y aplicarlas a su *data warehouse*. Sin embargo, lo que encontrará es que no abordan la brecha que hemos explorado: el contexto y el *fit-for-purpose*. La exactitud intenta acercarse con una definición que a menudo hace referencia a la necesidad de que los datos reflejen el "mundo real", pero no aborda cómo las personas quieren utilizar los datos.

---

[9] https://bit.ly/2UfxSut.

La definición que podemos aplicar para "contexto" en nuestras seis dimensiones de calidad de datos es: "Los datos tienen una definición estándar y aprobada con un algoritmo asociado". Esto debería reflejar el contexto de negocio en el que los datos existen. Nos proporciona un estándar, un algoritmo, una línea base de prueba objetiva y la capacidad de mirarlo y decir: "No, no estoy usando esa definición". He dicho esto algunas veces, pero hay una gran diferencia entre cómo un gerente de enfermería define a un paciente y cómo un gerente de finanzas define a un paciente y por una buena razón. La intención del propósito de estos dos roles es muy diferente. El otro beneficio de agregar "contexto" como una de las dimensiones de buena calidad de datos es la capacidad de aplicar eso como una prueba estándar al *data warehouse*. Las versiones tradicionales de gobierno de datos intentaron hacer esto a menudo, y cuando se logró, mejoraron los estándares de calidad de datos del *data warehouse*.

Desafortunadamente, el contexto no es suficiente para abordar completamente los desafíos que enfrentamos en la calidad de datos. El problema que encontramos al crear definiciones estándar como parte de nuestros esfuerzos de gobierno de datos es que la definición estándar impuesta puede estar en conflicto con el uso previsto de los datos. O, una forma alternativa de pensarlo: *fit-for-purpose* (FFP)[10].

Como analista, siempre habrá razones por las que los datos necesiten ser revisados y "limpiados", incluso en casos en los que se hayan aplicado métodos de buena calidad de

---

[10] Quantifying the Effect of Data Quality on the Validity of an eMeasure Johnson et al. Appl Clin Inform 2017;8:1012–1021.

datos. Existe una cierta calidad difícil de definir o *je ne sais quoi* que es común para que los analistas busquen en un conjunto de datos. Una especie de "prueba preliminar" para evaluar la capacidad de un conjunto de datos para abordar la(s) pregunta(s) que están tratando de responder. No es raro en este punto que los analistas tomen el conjunto de datos y comiencen una primera ronda de análisis simple, pensando en todas las variables potenciales.

En este punto, el analista también puede optar por no seguir la definición estándar de una métrica porque no es adecuada al propósito. La evaluación del conjunto de datos debería identificar los campos mínimos a los que el analista debe aplicar sus algoritmos, y a veces el analista no sabe cuáles son hasta que se sumerge en la exploración. Hay un arte en el análisis de datos, especialmente cuando se presentan preguntas abiertas como "¿por qué nuestro volumen es tan bajo?". Los analistas más experimentados sabrán qué campos de datos se requieren, pero hasta que exploren completamente los datos y las preguntas, no sabrán lo que están buscando o necesitan de los datos.

Anteriormente use el ejemplo del "paciente", que es definido de manera diferente por personas en dos roles diferentes (el gerente de enfermería y el gerente de finanzas). A menudo, la definición de un paciente depende del tiempo; los analistas consideran si había una persona en una cama a medianoche en un día determinado. Esa definición temporal ayuda a los gerentes de finanzas a asegurarse de que pueden cobrar por una estancia de un día completo, y ayuda al gerente de enfermería a planificar la cantidad de personal.

El problema inicia cuando profundizamos más allá de esa definición superficial. Cuando comenzamos a hacer preguntas como "¿Por qué el volumen fue bajo en esa unidad en comparación con el año pasado?" ¿Qué sucede en el escenario en el que el gerente financiero tiene que utilizar puntajes de riesgo para pronosticar cuántos pacientes tendrá el hospital y qué tan enfermos podrían estar para que puedan planificar cuánto riesgo financiero puede manejar la organización? ¿Y qué hay del tipo de personal que necesita un gerente de enfermería con muchas necesidades complicadas de los pacientes? Debemos tener en cuenta no solo el número de personal, sino también el nivel de personal (*RN vs. LPN*). Agregue el trabajo de enfermedades infecciosas; realmente les importa menos el estado del "paciente" y mucho más si la persona estuvo en una unidad particular en un momento determinado. Puede ver cómo rápidamente una definición estándar se desmorona. Cualquiera de estos datos habría mantenido su completitud, validez, exactitud, consistencia, oportunidad y unicidad. Simplemente falló la prueba de *fit-for-purpose*. Si bien el contexto es algo que podemos agregar a una metodología de prueba de *data warehouse*, el *fit-for-purpose* puede ser tal vez lo único que una persona (por ejemplo, un analista) tiene que evaluar.

Cómo probamos

Ahora que hemos ampliado nuestra lista de *qué* probar (añadiendo contexto y *fit-for-purpose*), debemos determinar *cómo* probar. Recomiendo encarecidamente leer el *DataOps Cookbook* de DataKitchen. Hace un buen trabajo al enmarcar las pruebas de calidad de datos al estilo *DataOps*. La suposición es que se utilizará algún tipo de práctica ágil. El proceso que elija no necesariamente tiene que ser *DataOps*.

Detengámonos aquí para hacer una distinción importante. El hecho de que sepamos que tenemos que probar la validez, por ejemplo, no significa que sepamos exactamente *cómo* ejecutar esa prueba. Para tomar esta determinación, recurrimos a las mejores prácticas tradicionales en aseguramiento de la calidad de datos. Algunos ejemplos de pruebas utilizadas en el aseguramiento de la calidad son:

- Pruebas Unitarias
- Pruebas de Integración
- Pruebas Funcionales
- Pruebas de Regresión

El primer paso son las pruebas unitarias, que prueba los fragmentos más pequeños del código. A menudo se realizan durante el desarrollo del código por parte del programador, pero se recomienda que otro par de ojos examine ese código antes de enviarlo. Las pruebas de integración se enfocan en las interacciones entre los paquetes de código; busca integraciones o interacciones que puedan romper otros componentes. Las pruebas funcionales alimentan datos en nuestro paquete de código y evalúan la salida, buscando resultados no previstos basados en el código. Finalmente, las pruebas de regresión son específicas para cambios en el código, intentando aislar los cambios para asegurarse de que produzcan los resultados esperados. Ahora, debemos combinar el tipo de pruebas que necesitamos ejecutar y cómo ejecutarlas para asegurarnos de probar las dimensiones de calidad de datos. Primero, tenemos que considerar las diferentes capas de un *data warehouse* moderno: la integración, el área de *staging*, el repositorio de datos y el *sandbox* analítico. No todas las pruebas son críticas en todas estas capas. Para cada una de estas capas hay pruebas diferentes:

Tabla 1: El *"Qué"* probar

Capas de Datos	Tipos de Pruebas
Integración	Completitud, Conformidad, Revisión de formatos
Staging	Consistencia, Conformidad, Exactitud, Integridad, Oportunidad
Repositorio	Completitud, Consistencia, Conformidad, Exactitud, Integridad, Oportunidad, Contexto
Sandbox	Integridad, Oportunidad, *Fit-for-purpose*

La segunda sección lista qué pruebas se utilizan para evaluar cada aspecto de calidad de datos basado en cada una de las capas de un plataforma de datos moderna y en la fase en la que se encuentra; construcción, automatización o monitoreo. Estas son solo sugerencias basadas en lo que hemos revisado en este capítulo. Estas tablas son exactamente lo que buscaba cuando comencé esa búsqueda en Google. Modifique estas tablas para reflejar sus propios entornos y las pruebas que realiza actualmente. También puede encontrar una tabla combinada en el apéndice.

Tabla 2: El *"Cómo"* probar

Capas de Datos	Construcción	Automatización	Monitoreo
Integración	Unitarias Funcionales (Regresión)	Integración Funcionales	Desempeño Funcionales Conformidad Completitud
Staging	Unitarias Funcionales (Regresión)	Integración	Desempeño Funcionales -Conformidad -Consistencia -Exactitud -Integridad -Oportunidad
Repositorio	Unitarias Funcionales (Regresión)	Funcionales	Desempeño Funcionales -Conformidad -Consistencia -Exactitud -Integridad -Oportunidad -Contexto
Sandbox	Funcionales (Regresión)	Funcionales	Desempeño

Hay más oportunidades

Incluso si tenemos el *data warehouse* mejor probado, con las seis dimensiones evaluadas agregando contexto y *fit-for-purpose* como dos nuevos aspectos de calidad de datos, ningún analista está libre de pruebas de datos. Afortunadamente, es relativamente fácil asegurarse de que su proceso de pruebas se ejecute de la manera más eficiente posible y sin problemas. Para lograr esto, su primer tarea es crear un plan de pruebas robusto y automatizado para los entornos de datos. Automatizar tantas pruebas como sea posible aliviará parte de la presión. A continuación, cree un plan sólido para las pruebas de contexto y de *fit-for-purpose*. Las pruebas de contexto de los datos cambiarán a medida que cambien las *WDs* del negocio. Presentar las pruebas de calidad de manera fácil de entender, como un panel de control, ayudará a crear una relación sólida entre el equipo de análisis y el equipo de aseguramiento de calidad.

No existe la calidad de datos al 100%. Simplemente no puede existir. Hay demasiados datos y demasiadas formas de utilizarlos. Lo que debemos esforzarnos por lograr, y algo que es mucho más factible, es utilizar los datos y luego hablar sobre cómo los utilizamos para que todos podamos entender mejor los datos. Una mejor comprensión conduce a mejores resultados, pero solo si trabajamos juntos.

Como se suele decir, el juego tiene que valer la pena y a veces (especialmente cierto en la industria de la salud) asumimos que el trabajo lo vale. No todos los datos son iguales. Al igual que no gobernaremos cada variable en sus entornos de datos, no es factible administrar cada celda de datos en sus entornos de datos cada vez más grandes. Cuando hablé con Steve Johnson sobre el tema de la calidad de datos, él compartió una idea que escribí en una nota adhesiva (si viera mi oficina vería cómo las notas adhesivas controlan mi vida): "La calidad de los datos depende de cómo las personas quieren usar los datos". Como hemos visto, no podemos medir la intención, pero podemos encontrar y medir lo que sabemos definitivamente que es verdadero. Comprender que hay una diferencia entre los dos y gestionar esa diferencia es un gran enfoque para los estándares de calidad de datos.

La aplicabilidad de mi tatuaje, X=T+E, es convincente ya que es la base principal de la teoría clásica de pruebas. Dicho esto, no hay una comparación directa entre la prueba de un ambiente de datos para cada posible análisis y el intento de controlar la variabilidad del error en las correlaciones, pero sí hay *cierta* relación (¿ve lo que hice ahí?).

Resumiendo

Las pruebas de calidad de datos son el indicador temprano de sus procesos de gobierno de datos. Si tiene buenos procesos de gobierno de datos, las pruebas de calidad de datos deberían mostrar estabilidad. Sin pruebas de calidad, o sin la capacidad de comunicar las pruebas de calidad, pierde su sistema de alerta temprana para la gobernanza.

CAPÍTULO 6

Poniéndolo todo junto

Felicidades, llegó al final. En este capítulo, juntaremos todo lo que hemos aprendido y crearemos un marco para la implementación. Las herramientas y métodos descritos aquí serán un recurso valioso cuando comience su camino. El apéndice incluye contenido de apoyo útil que no está directamente relacionado con la implementación, pero es lo suficientemente importante como para incluirlo.

Para aumentar nuestras posibilidades de éxito, saltaremos un poco entre los pilares de personas, procesos, tecnología y cultura. El orden en el que se realizan las cosas es importante, e incluiré una nota si algunos pasos se pueden mover debido a restricciones que a veces son difíciles de controlar (como la contratación de personal). Recomiendo que dedique tiempo para revisar todo este capítulo antes de comenzar, como si fuera una receta, léalo una vez y luego comience.

Confianza, valor y una cadena rota

Antes de que nos adentremos oficialmente en el modo de implementación, necesitamos abordar el problema que nos ha puesto en esta posición en primer lugar. En el primer capítulo se describió el problema de la confianza rota. De toda la investigación que hice sobre gobernanza en organizaciones, este fue probablemente el único tema en el que seguía pensando: la confianza rota.

Es muy difícil ganar la confianza y aún más difícil "repararla" una vez que se ha roto. Aunque hemos hecho todo lo posible, la brecha entre las salidas (acciones) de la gobernanza y los resultados es significativa. Históricamente, hemos puesto un gran esfuerzo, con personas y software, pero no podemos mostrar de manera muy tangible el resultado. En el libro de Simon Sinek, "*Start with Why*", define la confianza como la transferencia de valor, y al leerlo me di cuenta de que es por eso por lo que la confianza se menciona con tanta frecuencia en un contexto de gobernanza.

Fallamos en proporcionar VALOR de manera consistente. A veces es porque el valor no está claro. Tomemos como ejemplo la creación de definiciones estándar. Elegir una definición y obligar a toda una organización a usar *únicamente* esa definición no es la transmisión de valor. Es decirle a un número de personas en toda la organización que cómo usan los datos no es relevante. ¿Confiarías en alguien si le dijera eso? A veces reclamamos el valor a través de la evitación del riesgo, como en el caso de preocupaciones regulatorias. El lenguaje que utilizamos en estas situaciones a menudo empeora una situación de mala gobernanza. Un conjunto de lenguaje basado en el miedo y la exageración dirigido a la acción y la motivación, por definición, rompe la confianza. Aquí hay un buen ejemplo: cuando hablé con la gente sobre este trabajo y la necesidad de democratizar el acceso a los datos, recibí muchas respuestas como " Pero esto es el sector de la salud, ¡vas a matar a alguien!" Amigos, eso no es cierto. Es una exageración peligrosa porque pone a todos a la defensiva. Está destinado a intimidarlo y hacerlo pensar que no hay otras formas de hacerlo. Incluso argumentaría que la forma en que hacemos el trabajo ahora probablemente está haciendo tanto o más daño que dar a las personas exposición a los datos para que todos podamos tomar mejores decisiones, más seguras e informadas. Este tipo de lenguaje es más para socavar la confianza que para construirla. En algún lugar del fondo de su estómago, cuando escucha declaraciones como esa, la reacción es visceral. Nuestras reacciones son "tienes razón, no quiero tocar esto" o "mentira, y ahora confío en ti incluso menos". La confianza debe ser la piedra angular de su nuevo movimiento de gobierno de datos. Lo que significa que debe centrarse en la transmisión de valor.

Las personas primero

Tenemos que empezar con las personas. Es crucial no solo asegurarse de tener los recursos, sino también tomar el tiempo para obtener la alineación entre ellos. La decisión de mejorar el gobierno de datos obviamente comienza con alguien. Para fines ilustrativos, digamos que un *Chief Data Officer* ha identificado esto como un riesgo o un problema y comienza el proceso de reformular el gobierno de datos. Lo primero que debe hacer un *CDO* es contratar o promover a un líder del nuevo gobierno de datos, alguien que será responsable de las operaciones diarias de la función de gobernanza. En el capítulo uno, incluimos algunas descripciones de trabajo, y este primer punto de inflexión es donde puede optar por buscar un líder embajador de datos (de gobernanza).

Si tiene que contratar externamente, eso tomará un tiempo, por lo que animaría al *CDO* a utilizar el tiempo sabiamente iniciando el plan de gestión del cambio. Idealmente, el *CDO* también trabajará con uno o dos colegas para asegurar un sólido apoyo ejecutivo. Una vez contratado el líder embajador de datos, el primer paso para él o ella será convocar una *in-service meeting* para poner en marcha el proceso. La llamo una *in-service meeting* porque, por definición, permite a aquellos que participan activamente en una profesión aportar su experiencia a su causa sin cambiar su enfoque principal.

Cada asistente de la *in-service meeting* es un experto en su área de conocimiento, que se reúne en pro del mejoramiento de los datos en su organización. A continuación, se muestra un ejemplo de agenda para la *in-service meeting* y si recuerda, el capítulo uno habla sobre cada área con más detalle. Esta *in-service meeting* debe incluir al líder embajador de datos, al *CDO* y un par del *CDO* como el *COO, CFO* o *CIO*. Si tiene un *CISO* muy bueno en su trabajo, incluirlo también sería beneficioso. Si su *CISO* está muy enfocado en la protección y constantemente le dice por qué esto no funcionará, la *in-service meeting* puede no ser el momento de incluirlo. Depende de usted. Por supuesto, tendrá que convencerlo en algún momento, pero incluirlo en la negociación del alcance y presupuesto puede no ser el mejor lugar para comenzar.

La *in-service meeting* probablemente tomará de tres a cuatro horas y no es negociable. Si recibe mucha resistencia sobre la cantidad de tiempo que tomará o si la gente se niega a asistir, deténgase aquí y realice una "gestión hacia arriba".

Si sus ejecutivos no están completamente comprometidos, debe tomarse el tiempo de asegurar que realmente estén listos para apoyar el esfuerzo. Esto es particularmente cierto para aquellas organizaciones que no tienen un *CDO* (o un *CDO* solo de título). Si tiene un *CDO*, es menos impactante, pero sigue siendo importante que otros ejecutivos estén comprometidos con el esfuerzo. Cuando se cierran las puertas de la sala de juntas y no puede estar allí para respaldar su esfuerzo, su presupuesto podría ser recortado incluso antes de empezar.

Utilice el marco "Cabeza, Corazón, Manos" que discutimos en el capítulo cuatro para ayudarles a subirse al carro. Prepárese bien con declaraciones de valor de su organización o secciones de este libro. Encuentre ejemplos de casos de uso exitosos de otras empresas para mostrar cómo han tenido éxito.

Es posible dividir el día en dos partes si los horarios son ajustados. Recuérdeles amablemente que tres o cuatro horas para esta reunión, más algunas reuniones adicionales a lo largo del año, equivalen a solo ocho horas de apoyo para un activo corporativo esencial. No proceda sin esto. No llegará lejos.

Agenda de la *in-service meeting*

Tema	Duración	¿Líder? ¿Comentarios?
Alcance		
Presupuesto		
Calendario		
Métricas de éxito		
Roles: Patrocinador Líder Usuario promedio		

> Hay una excepción a la directiva de "conseguir el apoyo de los ejecutivos". Si trabaja en una organización grande, multinacional o federada, puede que no sea posible tener más de un ejecutivo a bordo. Si esta es su situación, todavía hay valor en abordar la gobernanza para su departamento. Solo asegúrese de que sus jefes estén al tanto. Las empresas pequeñas y medianas estarán mejor posicionadas con un enfoque de arriba hacia abajo y de abajo hacia arriba. Estos conglomerados más grandes tendrán que construir sus esfuerzos grupo por grupo.

Una vez que la *in-service meeting* ha finalizado, hay un par de cosas que tienen que avanzar al mismo tiempo: la comunicación y la contratación. La comunicación es un componente clave del plan de gestión del cambio y es fundamental para el éxito del esfuerzo. Este no será el único momento en que comunicará sobre el gobierno de datos; repetirá su mensaje más veces de lo que pueda imaginar, pero esta primera vez será el memorándum que cambiará todo.

El año pasado estaba viajando para una conferencia cuando un amigo me pidió que hiciera un taller para los equipos de datos en su organización mientras estuviera en la ciudad. Acepté con gusto, porque me gusta hacer talleres y ayudar a los equipos a superar obstáculos. El obstáculo en este caso tenía varias capas, pero principalmente se debía a que había al menos tres equipos separados que apoyaban los datos y *analytics*, y todos reportaban a diferentes ejecutivos. Era fácil ver lo rápido que las cosas podían volverse confusas. Los equipos habían hecho mucho trabajo, incluyendo discutir el problema de la desconexión. Mientras estaba parada frente a ellos, rápidamente quedó claro que estaba allí para orquestar el próximo paso. Estaba allí para ayudarlos a superar el obstáculo: la necesidad de unirse como un solo equipo. Los ejecutivos afectados estaban en la habitación y en el primer descanso, el *CIO* se acercó a mí y dijo: "¿Qué tal si simplemente hacemos que todos los equipos reporten a una sola persona?" Habían llegado todos a la misma conclusión, y como grupo estaban más preparados de lo que incluso sabían.

Nos reunimos de nuevo después del descanso y abordé el tema que sabía que estaba en la mente de todos. La mayor pregunta era quién apoyaba la transición a un equipo y quién no. Luego, a medida que comenzaron a darse cuenta de que todos estaban en la misma página, el *CIO* dijo: "Es hora de escribir el memorándum que cambiará sus vidas". Y ese fue el comienzo. El *CIO* entendió que comunicar el cambio era la primera tarea del día.

Su propia versión de un memorándum que cambia la vida debe estar basada en lo que sabe acerca de su organización. Empiece con el por qué, recuerde apelar a su razón y emociones, y deles algunas cosas que esperar. También es valioso en este punto darles algunas sugerencias: pídales que hablen con el líder embajador de datos o el *CDO* si tienen preguntas o si están interesados en ayudar. Además, este memorándum que cambia la vida debería ser solo uno de muchos; planee enviar mensajes de manera temprana y a menudo. Adoptar un plan de gestión del cambio ayudará a mantener su mensaje consistente y relevante.

Al mismo tiempo, debe crear descripciones de trabajo y un plan de carrera para los recursos que cubrirán su nueva iniciativa de gobierno de datos. Idealmente, trabajará en colaboración con su departamento de recursos humanos, ya que puede requerir cierto esfuerzo crear una familia de puestos de trabajo o reconfigurar su familia de puestos de trabajo de *analytics*. Esto puede ser un esfuerzo paralelo o, si lo ve como un esfuerzo más integrado (es decir, los analistas y embajadores son intercambiables), es posible que solo necesite cambiar el título de algunas personas y seguir adelante. De cualquier manera, querrá tomarse unos días para pensarlo bien, asegúrese de hace buenas contrataciones y tener un plan para permitir que las personas se destaquen en sus trabajos. Aunque es probable que sienta la presión de avanzar lo más rápido posible, trate de ser consciente de que está sentando una base importante para su equipo de trabajo.

Una vez que haya contratado o promovido los roles que necesita, según el alcance que haya identificado, estará listo para comenzar. La comunicación debe ser difundida lo más cerca posible de este momento para no emocionar demasiado a las personas o enojarlas por avanzar demasiado rápido sin previo aviso. Es un equilibrio difícil, pero más comunicación es mejor que menos comunicación.

Su alcance debería haber sido negociado durante su *in-service meeting*, y como parte de esto, también debería haber identificado sus métricas de éxito. Debe comenzar con el final en mente y asegurarse de que todo lo que haga a partir de este punto sea medible. Si no puede medirlo y relacionarlo con un éxito empresarial tangible y aceptado, entonces debe renegociar. Tenga en cuenta que estas métricas pueden y deben cambiar. A medida que reinicie su esfuerzo de gobierno de datos con este toque moderno, su enfoque o áreas de importancia pueden ser diferentes a como son ahora.

Estas relaciones de importancia fueron parte de las entrevistas que realicé mientras investigaba para este libro. A cada persona que entrevisté se le hizo la siguiente pregunta: "Si redefinimos el gobierno de datos como un enfoque en el uso de datos, asegurando la calidad de datos dentro del contexto establecido por la gobernanza y confiando en nuestras asociaciones internas para la protección de datos, ¿cómo asignaría la importancia?" Aunque ciertamente no es una metodología estadísticamente significativa, los entrevistados dieron mayor importancia al uso de los datos con un alto grado de variación para los tres restantes.

Importancia de los principios del gobierno de datos

Tópico	% Importancia
Aumentar el uso de los datos como un activo	50%
Calidad de Datos	25%
Linaje de Datos (incrementar visibilidad)	15%
Protección	10%

La protección solía estar en la parte superior de esta lista, pero ahora se ha relegado a ser la última en importancia. No porque no sea crítica, sino porque ahora tiene un socio que puede ayudarlo a ponerla en marcha. Su grupo de Seguridad de la Información debería estar involucrado en la determinación de las métricas de éxito para el aspecto de protección del gobierno de datos.

Con sus métricas de éxito en una mano y su plan de gestión del cambio en la otra (espere, eso no puede ser correcto, ¿cómo sostiene su café?), está listo para comenzar. Programe con mucha anticipación los puntos de contacto acordados con sus principales *stakeholders*. Parece lo suficientemente simple, pero los calendarios pueden ser complicados. En términos ágiles, eso se llama su *backlog*, *grooming* y retro.

Una de las principales características del Gobierno de Datos Moderno (*MDG – Modern Data Governance*) es nuestra forma de combinar los consejos o comités tradicionales de gobierno de datos, con el uso de métodos ágiles. Además, la mayoría de las organizaciones necesitan la capacidad de crear un marco modular que pueda escalar hacia arriba o hacia abajo dependiendo del volumen y la variedad de proyectos estratégicos adicionales que dependen de los datos. *Agile* y los consejos o comités son como aceite y agua, pero en cualquier forma de gobierno de datos, necesitamos el contexto y la experiencia organizacional que estos grupos aportan. En *MDG*, aún tenemos que estos expertos participen, pero como expertos en la materia bajo demanda. Piense en ellos como sus *product owners* adjuntos, que ayudan a guiar el producto (en nuestro caso, los datos) hasta la entrega.

El Flujo de Trabajo

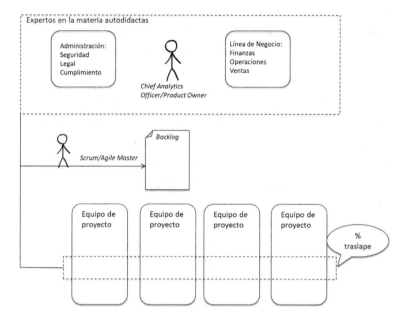

En resumen, tiene dos grupos de personas (o en la gobernanza tradicional, habrían sido sus comités) con responsabilidad organizacional compartida que pueden o no reunirse formalmente. El primero es un grupo de gobierno de datos de línea de negocio (*LOB*) que permite crear definiciones de datos estándar, estándares de calidad de datos y criterios de uso. El otro consejo, al que nos referiremos como administración de gobierno de datos, se dedica a la creación de políticas y procedimientos para el cumplimiento, la privacidad y la seguridad. En este marco, su grupo de administración de gobierno de datos le proporcionará sus requerimientos que tendrá que cumplir. La diferencia es que luego no están en la mesa escuchando las reuniones sobre cómo definir los datos. Piense en estos dos grupos como requerimientos funcionales y no funcionales. Son igualmente importantes, pero deben gestionarse por separado. El pegamento que los une es su líder de gobierno de datos. Necesita a alguien en este rol que sea responsable y pueda impulsar las cosas. No hay nada ágil o responsivo acerca de muchos comités o consejos.

Desde abajo hacia arriba, imagine esos rectángulos largos como sus proyectos anuales. Puede agregar más o eliminarlos, pueden cambiarse, pero así es como comienza a integrar su consejo persistente con su realidad de trabajo basado en proyectos. Se asignan grupos de trabajo para participar en estos proyectos. Su función es documentar e identificar esfuerzos que se superponen en términos de datos, como problemas de clientes que algunos o todos los proyectos comparten. Ya sea que se trate de definiciones, uso, calidad o riesgo, su trabajo es ponerlo en un *backlog*. Los elementos del *backlog* también se pueden agregar desde los consejos persistentes. Cosas como el enmascaramiento de datos o la operacionalización de definiciones para el uso estándar pueden combinarse en un solo *backlog*.

Dependiendo del tamaño y alcance de su equipo, el grupo de trabajo y el equipo de datos ágil podrían ser lo mismo. Un grupo de trabajo es un grupo bajo demanda, que solo existe cuando hay proyectos que afectan directa o indirectamente a los datos. Si es lo suficientemente grande, el equipo de datos ágil persistirá, y siempre habrá trabajo asociado con la gobernanza.

Una lista de cosas por hacer

Ahora pasamos a nuestro siguiente tema: la creación de su *backlog*. Utilizar los principios de *DataOps* para implementar el *MDG* ayudará a entregar rápidamente el producto mínimo viable (*MVP*). Un enfoque de *DataOps* es adecuado aquí porque se trata de un viaje, no de un destino; nunca terminará el trabajo del gobierno de datos.

Un ejemplo de *backlog* está disponible en technicspub.com/disrupting-dg. Para nuestros propósitos aquí, solo revisaremos algunas cosas que normalmente se incluirían en el *backlog*. Un *backlog* es simplemente una lista de cosas por hacer. Recuerde el capítulo de procesos, cuando revisamos el Manifiesto de *DataOps* de la compañía DataKitchen de Chris Bergh (¡que fue nombrada como "*Cool Vendor*" por Gartner mientras escribía este libro!) y cómo adaptarlo para un *MDG*, ahora lo pondremos en práctica.

Para ser completamente transparente, al intentar escribir esta sección, sufrí un poco de bloqueo de escritor. Me costó describir un *backlog* como algo más que una lista de cosas por hacer, como lo hice en el título. Afortunadamente, me topé con la descripción más elocuente de un *backlog* que he visto. Como dicen, no reinventes la rueda, y definitivamente daré el crédito correspondiente.

"El product owner se enfoca en el "qué" y el equipo de desarrollo en el "cómo". El backlog del producto debería ser una lista de problemas de los clientes a resolver o "trabajos por hacer". Un elemento en el backlog no debería detallar la solución de producción... eso viene más tarde. Esto es simplemente un espacio reservado para una conversación que se debe tener. Una vez que

el equipo de desarrollo comienza a trabajar en el problema, se reúnen con el cliente para comprender mejor y determinar una solución.

Pueden pivotar a una solución diferente en cualquier momento durante el sprint, pero el objetivo sigue siendo el mismo. Esto significa que el backlog del sprint evolucionará a lo largo del sprint a medida que los equipos de desarrollo aprendan más." - Robert Weidner

En el gran esquema de las cosas, me considero una novata en *agile* y, de vez en cuando, leo algo así y tengo uno de esos momentos de "aha" - este fue uno de ellos. Tiene mucho sentido, es *agile*, ¡por supuesto que la solución e incluso el *backlog* en sí cambiarán! Tal vez no comparta mi entusiasmo por esta revelación, tal vez ya sea un experto en *agile*, pero creo que es una perspectiva importante que tener al aplicar *agile* al *MDG*. Piensa en el poder de un *backlog* de gobierno de datos cuando se enfoca en el problema del cliente y crea una serie de elementos de *backlog* como un espacio reservado para una conversación para resolverlos. Comencemos con uno que todos conocemos y amamos: los ejecutivos tienen diferentes definiciones de clientes, miembros, pacientes, empleados, visitas, productos, etc. Creo que se hace una idea.

Data Governance Ops (DGOps) un comienzo

Al finalizar mi investigación sobre el gobierno de datos y específicamente cómo mejorarlo, me encontré luchando con lo que el gobierno de datos es en su núcleo, tanto para la industria de datos y *analytics* en general como para la organización individual. Sé lo que no es: no es una herramienta para amenazar, no es un conjunto de documentos que acumulan polvo, y no es la "otra cubeta" para el trabajo de *analytics*. Sin embargo, a menudo lo tratamos como tales cosas o peor.

Recientemente, hablé con un *CIO* sobre el gobierno de datos y su reacción fue inmediata. Parafraseando, dijo algo así como: "Uf, gobierno de datos. Lo hemos intentado tantas veces y luego la persona encargada del gobierno de datos se va y se acaba todo. Es peor que hervir el océano. Es hervir el océano taza por taza mientras discutimos sobre el tipo de algas que hay en la taza."

La razón por la que luchamos tanto con el gobierno de datos es que al final del día, la gobernanza se trata de construir confianza. Casi no hay valor en la forma en que históricamente hemos hecho el gobierno de datos. Eso se detiene hoy, aquí mismo con usted y conmigo y con una pequeña cosa que llamo *DGOps*. Sí, estoy tomando prestado de *DevOps* y el marco de *DataOps* de mis amigos en DataKitchen. Significa Operaciones de Gobierno de Datos y redefinirá completamente la forma en que hacemos el gobierno de datos.

DGOps crea un cambio sutil pero poderoso en cómo diseñamos, discutimos e implementamos las funciones del gobierno de datos. Como todos los marcos ágiles, valoramos las interacciones individuales sobre los procesos y las herramientas. Definimos el gobierno de datos como teniendo estos cuatro atributos: aumento del uso, mejora de la calidad de datos, documentación del linaje de datos y protección de los activos de datos. Cada uno de estos proporciona un valor directo y tangible a la organización al garantizar un marco para democratizar el acceso a los datos. En otras palabras, si todos estos elementos están en su lugar, cualquier persona en la organización puede utilizar los datos sin preocupación acerca de datos diferentes, incorrectos o de mala calidad.

Los principios de DGOps

- Valoramos el **uso** de los datos sobre el control del activo.

- Nuestra prioridad es aumentar el uso de los datos en toda la organización mediante la creación de un sistema de gobernanza **responsivo**.

- **Transparencia** de los datos, desde la fuente hasta su destino y en todas partes intermedias.

- Debemos **comunicar** frecuentemente lo que hemos aprendido y lo que sabemos.

- La **calidad** es el resultado de una buena gobernanza. Nuestro enfoque es crear un sistema resiliente que mejore la calidad de los datos.

- Reconocemos la importancia de la **seguridad** y la **privacidad** al formar una alianza con nuestros socios de Seguridad de la Información y Cumplimiento.

- Buscamos **operacionalizar** los esfuerzos de gobierno de datos de manera tangible en los entornos de datos.

- Alentamos las **preguntas** sobre los datos porque eso significa que estamos aumentando el uso.

- Nuestra intención es centrarnos en el **progreso**, no en la perfección en todo lo relacionado con los datos. Permitir iteraciones para mejorar constantemente los datos, las definiciones y la calidad.

- Los equipos **autogestionados** construyen mejores sistemas. Enfóquese en el "qué" y deje que los equipos descubran el "cómo".

- Comience pequeño, con pasos **simples** y alcanzables hacia datos gobernados que aumenten el uso y valor a la organización.

Me encanta esta definición de *DevOps* del sitio web *Agile Admin*:[11]

> "DevOps es una comunidad de práctica interdisciplinaria dedicada al estudio de la construcción, evolución y operación de sistemas resilientes de rápida evolución a gran escala". Se atribuye a Jez Humble.

---

[11] https://bit.ly/2aL34PV.

Comunicar, comunicar, comunicar

En el mundo de los bienes raíces, se dice "ubicación, ubicación, ubicación". Para el gobierno de datos, todo se trata de comunicación, comunicación, comunicación. A veces es un trabajo aburrido y repetitivo. Si lo odia tanto como yo, busque a alguien con afinidad por el aspecto de gestión de relaciones del gobierno de datos y pídale ayuda. No puede subestimar su importancia. Sin un plan concertado, cuidadoso y exhaustivo para comunicar sobre el cambio en el gobierno de datos, y específicamente el "por qué" del cambio, todo el trabajo caerá en oídos sordos no agradecidos.

Antes de siquiera considerar escribir este libro, estaba trabajando como Directora de *Analytics* en un hospital. Por razones que es mejor no contar, dejé ese trabajo a principios de 2019 y tomé el salto de fe para comenzar mi propia empresa. Poco después de eso, me encontré con la oportunidad de escribir otro libro, este libro. Y, con toda honestidad, no estaba segura de si pudiera hacerlo. Todavía no estoy segura (y sí, sé que este es el último capítulo), pero la creación de contenido para este libro me obligó a reflexionar mucho sobre mi tiempo en el hospital y me di cuenta de algo. Había fallado espectacularmente en la comunicación. El tema en el que sigo insistiendo como crítica. No me malinterprete, sí que comuniqué... al principio. Cuando empecé e incluso durante una buena parte de mi segundo año, pero después de eso, casi nada. Tengo un montón de excusas y mucha justificación. Algo de ello incluso puede ser legítimo, pero voy a ser sincera con usted y admitir que la verdad es que me aburrí con el mensaje. Estaba cansada de repetirme. Agotada por el constante "demasiado detalle" o "no suficiente detalle". Era una batalla interminable de calendarios y voluntad, y simplemente me rendí. Me enfoqué en las cosas que sabía que podía hacer fácilmente. No estoy orgullosa de ello. Se merecían algo mejor. Yo merecía algo mejor.

Realicé una búsqueda interna y recordé el momento en el que dejé de comunicar. ¿Por qué tomé esas decisiones? Lo que me di cuenta es algo que muchos proyectos de este tipo tienen en común: una película. "Field of Dreams" se estrenó en 1989 y la protagonizó Kevin Costner. Estoy casi segura de que nunca he visto la película, pero, por otro lado, podría haberme dormido viendo esta película en una cita. La línea más famosa de la película es la que atormenta a casi todas las personas en la industria de los datos: "Constrúyelo y vendrán". Aunque hoy en día es sentido común que construir iniciativas de datos requiere una estrategia más sofisticada y a largo plazo, la crítica de "si lo construyes, vendrán" todavía persigue a muchos equipos de *data warehouse*. A menudo se dice como resultado de no incluir al negocio en el proyecto. La única forma de evitarlo es tener una manera de mantenerse conectado al negocio con un plan de comunicación integral y persistente.

Es fácil comunicar la necesidad de un cambio cuando el proyecto es nuevo y la gente está entusiasmada. Pero es fácil perder ese entusiasmo después de haber trabajado en el proyecto por un tiempo. La comunicación se hace más difícil cuando se siente agotado y no ha hablado con nadie fuera de su equipo durante meses. Además, si es el encargado de supervisar a un equipo, debe lidiar con esto también. A veces, cuando finalmente se comunica con otros departamentos, ya no tiene la misma energía y ellos perciben que el proyecto fracasará. Entonces, decide dejar de comunicar para terminar el proyecto lo más rápido posible. Sin embargo, esto lleva a la percepción de que ha construido algo y ahora espera que la gente lo use. Aunque en realidad había comunicado sobre el proyecto, simplemente lo dejo de hacer. La lección aprendida es que nunca debe dejar de comunicar sobre el cambio. Debe seguir diciéndolo de diferentes maneras a las mismas personas, incluso si está agotado y vencido. Es importante hacer un plan, preparar mensajes clave, encontrar a otros que puedan ayudar y asegurarse de que no pase una semana sin algún tipo de mensaje sobre lo que está haciendo y, sobre todo, POR QUÉ lo está haciendo.

En el apéndice, encontrará un plan de comunicación de muestra que combina los esfuerzos de gestión del cambio que revisamos en el capítulo cuatro. Cada comunicación, debe enmarcarla en el modelo de gestión del cambio *ADKAR* con una buena dosis de Por qué, Qué, Cuándo, Dónde, Cómo y Cuánto. Para no abrumarlo completamente con la parte de comunicación del trabajo, cada trimestre debería escribir suficientes mensajes para el trimestre siguiente. Estos deben incluir referencias actualizadas sobre dónde está el proyecto y una llamada a la acción para que los lectores sepan cómo participar.

La tecnología

Dudo que necesite más software. En la organización promedio, el software se ha convertido en basura espacial, flotando por ahí, completamente inútil. Sabe que es malo, pero no sabe qué se supone que debe hacer al respecto.

Siempre he sido partidaria de un enfoque de "esperar y ver" en cuanto a la tecnología. Contrate a las personas adecuadas. Concéntrese en armar un proceso eficiente. Por último, pregúntese si el software puede resolver problemas que personas competentes y procesos limpios no pueden. Me explayé mucho en el capítulo de tecnología sobre lo radicalmente diferente que es la tecnología hoy en el espacio del gobierno de datos. Finalmente, tenemos algunas opciones convincentes que nos brindan acceso, linaje y transparencia a todos los datos, no solo a los datos en el entorno en el que trabaja activamente.

El consejo del capítulo tres de ser cuidadoso al adquirir software sigue siendo relevante. He visto muchos esfuerzos de gobierno de datos que comenzaron con una herramienta de metadatos, solo para fracasar cuando se dieron cuenta de que los metadatos no tienen valor sin contexto de negocio. Es muy fácil implementar software y afirmar que se hizo algo. Asegúrese de que cualquier herramienta que seleccione siga los principios de *DGOps* y pueda brindar un valor tangible para aumentar el uso del activo de datos.

Realísticamente, la tecnología es lo último en lo que se centrará después de abordar los problemas más grandes de las personas, los procesos y la cultura. Y no necesita que le diga cómo implementar el software. Si está utilizando métodos ágiles (más específicamente, *DGOps*), sus equipos ágiles a pedido deben ayudarle con la selección de herramientas. Cree definiciones y diseñe algoritmos, luego pruébelos para el consumo transparente desde el catálogo de datos que elija. Si comienza con un problema de negocio bien definido, tiene a las personas adecuadas en su lugar y sigue métodos ágiles, sentirá que todas las piezas del rompecabezas han encajado en su lugar.

Resumiendo

Hemos llegado a este punto en el gobierno de datos porque hemos reconocido a lo largo de estas páginas que la forma en que hemos definido históricamente el gobierno de datos no ha cambiado en dos décadas, pero los datos han cambiado. Democratizar los datos en su organización para obtener información y crear valor es fundamental para el éxito a largo plazo de los esfuerzos analíticos. Sin embargo, el gobierno de datos, específicamente el método tradicional de gobierno de datos no ha permitido realmente democratizar el acceso a los datos. Pero eso es exactamente de lo que debemos darnos cuenta, que el gobierno de datos y la democratización del acceso a los datos son dos caras de la misma moneda. Lo primero que debe hacer es redefinir lo que significa la gobernanza para su organización: aumentar el uso, mejorar la calidad de datos, el linaje de datos y la protección del activo.

Nuestros líderes deben tomar un papel activo en definir la importancia de estas cuatro categorías, otra distinción importante en el nuevo gobierno de datos. Primero se debe abogar por esto, sabiendo que el proceso para democratizar los datos significa que se encontrarán problemas, y que eso es solo parte del proceso de aumentar los conocimientos y el uso de los datos. El gobierno de datos ya no se trata de evitar que las personas usen los datos, sino de crear un entorno fértil en el que toda la organización tenga un alto grado de confianza en los datos.

El resultado tangible de los esfuerzos mejorados de gobierno de datos es una mejor calidad de datos. La calidad debe ser responsabilidad de todos porque tenemos demasiados datos para poder gobernar todo solo con equipos de *analytics* o de datos. Si el aumento en el uso resulta en que las personas vean más datos, entonces aumentan las posibilidades de que se identifiquen más problemas con los datos. Nuestro nuevo enfoque de gobierno de datos ayuda a entender que cuando se identifican problemas con los datos, en realidad se tiene la posibilidad de arreglar más y más datos. Cuanto más se arregle, más personas confiarán y usarán los datos. Se está creando un motor en el que hay un alto grado de transparencia y confianza que genera valor para la organización. Es hora de trabajar juntos en el gobierno de datos para aumentar la calidad de nuestros activos de datos.

Cuando las personas en su organización miran un informe o un análisis, deberían reconocer que en realidad están actuando como *data stewards*. Si encuentran problemas, el objetivo no es culpar a la persona, al sistema o al proceso, sino más bien presentar los problemas de calidad de datos para que puedan ser solucionados. Los datos no están mal, son simplemente datos. Cuando agradece a las personas por encontrar problemas en los datos, cambia fundamentalmente la interacción entre quienes usan los datos y las personas que "gobiernan" los datos. Queremos que use los datos porque no es factible hacer este trabajo solo, debemos hacerlo juntos. Cuanto más lo haga, más rápido irá el motor. Cuando democratiza los datos de esta manera, las personas ven los cambios, comprenden los desafíos y así es como comienza la cultura *data-driven*.

Creo que el trabajo que hacemos con los datos es como un viaje por carretera. Se trata del camino y de todo lo que aprendemos en él, no del destino. No hay un final para el gobierno de datos y los desafíos que conlleva, pero hay demasiado en juego como para no intentarlo. Así que simplemente inténtelo. Si en su empresa se considera que los datos son un activo, pero todavía hay mucho miedo en torno a su uso, simplemente inténtelo. Si sus esfuerzos de gobierno de datos no han producido procesos efectivos, simplemente inténtelo. Si hacerlo de la misma manera se siente como una versión de un bucle que se repite sin fin, simplemente inténtelo. Si lo intenta y al final no le gusta la forma en que funciona el *MDG* o *DGOps*, al menos habrá aprendido algo que hará que sus próximos esfuerzos sean mejores. Después de todo, eso es todo lo que cualquiera de nosotros puede esperar: dejar nuestras organizaciones mejor de lo que las encontramos.

Plan de Marketing y Comunicaciones

[Nombre de la empresa aquí]
[Dirección 1]
[Dirección 2]
[Teléfono]
[Sitio web de la empresa]

Historial de revisiones

Versión	Autor	Fecha

Misión Corporativa:

[Inserta tu misión corporativa aquí]

Objetivo del Programa:

[Inserta el objetivo del programa aquí]

Audiencia del Programa

Plan de Comunicación

Tipo de comunicación	Audiencia	Línea de tiempo

Análisis del Mercado y la Competencia

Objetivos de Marketing

¿Cuál es el objetivo de las actividades de marketing?

El objetivo del plan de marketing es

- [Meta 1]
- [Meta 2]
- [Meta 3]

Actividades muestra...

Actividad	Objetivo	Fecha	Parámetros de éxito
Club de lectura	Compartir ampliamente la misión y visión de Analytics con todos los *stakeholders*	Trimestral	Participación moderada
Premios de *Analytics*	Compartir ampliamente la misión y visión	Anual	Un mínimo de 8 postulaciones

	de Analytics con todos los *stakeholders*		
Actualización mensual (reunión informal)	Compartir actualizaciones del estado de la construcción del programa de *Analytics*	Mensual	5 o más asistentes
Boletín informativo	Compartir ampliamente la misión y visión de Analytics con todos los *stakeholders*. Compartir éxitos y actualizaciones.	Bimestral	Enlace accedido al menos 8 veces
Serie de conferencias	Compartir ampliamente la misión y visión de Analytics con todos los *stakeholders*.	Bimestral	Participación moderada
Jornada de puertas abiertas	Compartir actualizaciones y éxitos del Programa de *Analytics*.	Entre cada fase del proyecto	Participación moderada

Declaración de Misión y Visión de Analytics

Declaración de Misión:

Declaración de Visión:

El qué y el cómo de las pruebas

Donde	Integración	*Staging*	Repositorio	*Sandobx*
¿Qué prueba realizar?				
Tipo de pruebas	Completitud* es decir, recuento de filas Conformidad Verificaciones de formato	Consistencia Conformidad Exactitud* Integridad Oportunidad	Completitud* Consistencia Conformidad Exactitud* Integridad Oportunidad Contexto	Integridad Oportunidad *Fit-for-Purpose*
¿Cómo probar?				
Construc-ción	Unitarias Funcionales (Regresión)	Unitarias Funcionales (Regresión)	Unitarias Funcionales (Regresión)	Funcionales (Regresión)
Automati-zación	Integración Funcionales	Integración Funcionales	Integración Funcionales	Funcionales
Monitoreo	Desempeño Funcionales Conformidad Completitud	Desempeño Funcionales - Conformidad -Consistencia -Exactitud -Integridad -Oportunidad	Desempeño Funcionales - Conformidad -Consistencia -Exactitud -Integridad -Oportunidad - Contexto	Desempeño

APÉNDICE C

Lecturas recomendadas

Esta es una lista seleccionada de libros que me recomendaron durante mi investigación para este libro. Algunos están obviamente relacionados con el tema del gobierno de datos, *agile* o TI, mientras que otros son simplemente excelentes lecturas.

Sinek, Simon. *Start with why: how great leaders get everyone on the same page.* Penguin Group, 2009. Print

McKeown, Les. *Predictable Success: getting your organization on the growth track and keeping it there.* Greenleaf Book Group, LLC. 2010. Print.

Olson, Jack. *Data Quality: the accuracy dimension.* Morgan Kaufman. 2003. Print.

Dyche, Jill. *The New IT: How Technology Leaders are Enabling Business Strategy in the Digital Age.* McGraw-Hill Education, 2015. Print

Sebastian-Coleman, Laura. *Measuring Data Quality for Ongoing Improvement: A Data Quality Assessment Framework.* Morgan Kaufman. 2013. Print.

Kim, Gene; Humble, Jez; Debois, Patrick; Willis, John. *The DevOps Handbook: How to Create World-Class Agility, Reliability, and Security in Technology Organizations.* IT Revolution Press, 2016. Print.

Humble, Jez; Molesky, Joanne; O'Reilly, Barry. *The Lean Enterprise: How High Performance Organizations Scale.* O'Reilly Media, 2014.

Kim, Gene; Behr, Kevin; Spafford, George. *The Phoenix Project: A Novel about IT, DevOps, and Helping Your Business Win.* IT Revolution Press, 2018.

Lencioni, Patrick. *Overcoming the Five Dysfunctions of a Team: A Field Guide for Leaders, Managers, and Facilitators.* Jossey-Bass, 2005. Print

Keller, Gary; Papasan, Jay. *The ONE Thing: The Surprisingly Simple Truth Behind Extraordinary Results.* Bard Press, 2013. Print.

Nason, Rick. *It's Not Complicated: The Art and Science of Complexity in Business.* Rotman-UTP Publishing, 2017. Print.

Seiner, Robert. *Non-Invasive Data Governance: The Path of Least Resistance and Greatest Success.* Technics Publications, 2014. Print.

Bibliografía

CAPÍTULO UNO

Sinek, Simon. *Start with why: how great leaders get everyone on the same page.* Penguin Group, 2009. Print.

CAPÍTULO DOS

Stewardship. 2019. In *Merriam-Webster.com* retrieved January 11, 2019, from https://bit.ly/2lAfNdc.

"DataOps Manifesto" (August 12, 2019) retrieved from https://www.dataopsmanifesto.org/.

CAPÍTULO TRES

Merrill, Douglas (2011, February 01). *And now for something completely different: context shifting.* Retrieved from https://bit.ly/2zuzgzV.

CAPÍTULO CUATRO

Harmonized Data Quality Terminology and Framework, (2016) Kahn, et al eGEMS.

Underwood, Jen. (2017, August 30). *Why you need a data catalog and how to select one.* Retrieved from https://bit.ly/2jX4njn.

Schulze, Elizabeth. (2019, March 6). *40% of A.I. start-ups in Europe have almost nothing to do with A.I., research finds.* Retrieved from https://cnb.cx/2TqDioH.

CAPÍTULO CINCO

What is organizational culture? n.d. Retrieved from https://bit.ly/2KUq4Kr.

Diaz, Alejandro, Rowshankish, Kayvaun, Saleh, Tamim. (2018, September) McKinsey Quarterly. *Why Data Culture Matters.* Retrieved from https://mck.co/2wPN72R.

Stewart, Thomas A. (1994, February 7). *Rate your readiness to change.* Retrieved from https://cnn.it/2jUZqaM.

Babich, Nick. (2018, February 9). *Ten tips to develop better empathy maps* retrieved from https://adobe.ly/2Umc4Qe.

What is the ADKAR Model? n.d. Retrieved from https://bit.ly/1qKvLyJ.

Why Change Management? n.d. Retrieved from https://bit.ly/2PTdAUy.

Nason, Rick. *It's Not Complicated: The Art and Science of Complexity in Business*. Rotman-UTP Publishing, 2017. Print.

CAPÍTULO SEIS

Olson, Jack. *Data Quality: The Accuracy Dimension*. 2003. Morgan Kaufman.

Six dimensions of EHDI Data Quality Assessment. n.d. Retrieved from https://bit.ly/2UfxSut.

Quantifying the Effect of Data Quality on the Validity of an eMeasure Johnson et al. Appl Clin Inform 2017;8:1012–1021.

CAPÍTULO SIETE

Mueller, Ernest (2019, January 12). *What is DevOps?* Retrieved from https://bit.ly/2aL34PV.

Índice

www.ingramcontent.com/pod-product-compliance
Lightning Source LLC
Chambersburg PA
CBHW071248050326
40690CB00011B/2301